Distributed by:

INTERNATIONAL SCHOLARLY BOOK SERVICE, INC.
P. O. BOX 4347
Portland, Oregon   97208
U. S. A.

NORTH CAROLINA STUDIES IN THE
ROMANCE LANGUAGES AND LITERATURES
Number 135

L'IMAGINATION POETIQUE CHEZ DU BARTAS

L'IMAGINATION POETIQUE
CHEZ DU BARTAS

ELEMENTS DE SENSIBILITE BAROQUE
dans la
CREATION DU MONDE

PAR

BRUNO BRAUNROT

CHAPEL HILL
NORTH CAROLINA STUDIES IN THE ROMANCE
LANGUAGES AND LITERATURES
U.N.C. DEPARTMENT OF ROMANCE LANGUAGES
1973

PRINTED IN SPAIN

IMPRESO EN ESPAÑA

I.S.B.N. 0-88438-937-5

DEPÓSITO LEGAL: V. 3.989 - 1973

ARTES GRÁFICAS SOLER, S. A. - JÁVEA, 28 - VALENCIA (8) - 1973

TABLE DES MATIÈRES

INTRODUCTION

Une même approbation, tempérée aussitôt par les mêmes réserves, fondées dans un cas comme dans l'autre sur quelques vagues critères du "bon goût" et relevant toutes, plus ou moins consciemment, d'une esthétique essentiellement classique : telle a été, jusqu'à une époque assez récente, la réaction des rares exégètes qui se soient intéressés à la production poétique de Du Bartas.

Depuis quelque temps, cependant, la critique semble avoir adopté envers ce dernier une attitude moins étroitement dogmatique. Ainsi que le suggère le chapitre sur lequel s'ouvre ce travail, la fortune littéraire de la *Création du Monde* s'est trouvée liée de très près à celle du baroque en général. Des rapprochements avec la poésie baroque de la fin de la Renaissance, de plus en plus fréquents quoique toujours trop rapides, ont notamment contribué à ouvrir sur cette oeuvre de nouveaux aperçus qu'il ne nous a pas paru inutile de développer.

Envisageant la poésie de Du Bartas —et tout particulièrement la *Création du Monde*— à la lumière des caractéristiques les moins controversées de l'esthétique baroque, la présente étude se propose de retrouver dans le contenu thématique aussi bien que dans la structure des textes, les traits les plus marquants d'une imagination qui apparente leur auteur à ceux des poètes de son temps qu'il est convenu d'appeler "baroques".

"Imagination poétique" : cette expression, reprise dans le titre même de notre étude, il convient donc de l'entendre ici dans son sens le plus large. La conception générale de l'oeuvre, la vision du monde sur laquelle elle repose, les divers modes de présentation, le choix des thèmes ainsi que la rhétorique qui les

met en valeur —c'est tout cela que ce travail d'ensemble tentera
de dégager, en utilisant comme toile de fond les acquis de la
critique dans le domaine du baroque littéraire.

* * *

"Au mouvement qui va du particulier au général —donnant
naissance au commun dénominateur qu'est l'idée du baroque—
il faut que réponde un mouvement de sens inverse".* A l'issue
d'un récent bilan, Marcel Raymond exprimait en ces termes le
voeu qu'à la série de recherches ayant mené par induction à une
définition du baroque, succède une série de recherches parallèles,
confrontant telle ou telle oeuvre particulière avec les divers critères de l'esthétique dont elle semble participer. C'est dans un
tel sillage que voudraient s'insérer les pages qui suivent. Sans
nier la dette de Du Bartas envers la poétique de la Pléiade,
elles s'efforceront de souligner dans la *Création du Monde* les
signes les plus manifestes de son affinité avec l'ensemble de la
poésie baroque, et de la situer enfin à ce qui semble bien être
sa vraie place: au seuil même de la poésie baroque française.

* Marcel Raymond, "Le baroque littéraire français (état de la question)",
Studi Francesi, gennaio-aprile 1961, no. 13.

Chapitre I

ETAT PRESENT DES ETUDES SUR DU BARTAS

Lorsqu'en 1828 Sainte-Beuve redécouvre tout un siècle de poésie française tombée dans un oubli à peu près total, son *Tableau historique et critique de la poésie française et du théâtre français au XVIe siècle* est loin de marquer pour tous les écrivains dont il exhume les oeuvres l'aube d'une gloire littéraire désormais acquise. Si Ronsard, et à un moindre degré d'Aubigné, parviendront à s'imposer dès lors comme des poètes de tout premier plan, d'autres —et Du Bartas est du nombre— ne seront ressuscités un instant que pour être aussitôt rejetés dans la foule des écrivains négligés par la postérité.

La plupart de ces écrivains ayant bénéficié, même de leur temps, d'une réputation somme toute médiocre, les reléguer parmi les auteurs mineurs revenait à sanctionner le jugement des contemporains. Le cas de Du Bartas, cependant, est tout autre : l'oubli dont le tirait momentanément Sainte-Beuve succédait cette fois à une renommée qui, pour surprenante qu'elle puisse paraître à un lecteur d'aujourd'hui, n'en fut pas moins indéniable.

Rivalisant en France avec celle de Ronsard, l'oeuvre de Du Bartas jouit en effet par toute l'Europe, dès sa parution et pendant les vingt premières années du dix-septième siècle, d'un succès dont la poésie française n'offre peut-être pas d'autre exemple. Entre 1578, date à laquelle elle paraît, et 1623, la *Première Sepmaine* ou *Création du Monde* ne connaîtra pas moins de 42 éditions successives, si l'on compte, en plus des éditions du poème lui-même, les recueils des oeuvres plus ou moins complètes de son auteur. Savamment commentée tour à tour par le

protestant Simon Goulart et le catholique Pantaléon Thévenin,
traduite en plusieurs langues modernes, elle fut même l'objet
—éloge suprême de l'époque— d'une traduction en vers latins.[1]
Son succès immédiat auprès des contemporains fournit par ailleurs à Du Bartas tout un cortège d'imitateurs, dont certains
—tels du Monin, Du Chesne de la Violette, Quillian, Jangaston
d'Orthez— forment, il est vrai, un groupe de disciples assez peu
prestigieux, mais parmi lesquels on peut compter aussi non seulement d'Aubigné [2] mais encore Ronsard lui-même, à en juger par
le court fragment de sa *Loy divine*. Venant appuyer toutes ces
preuves d'une vogue incontestable, l'influence manifeste du
poème de Du Bartas sur des oeuvres telles que *Le Sette Gior-
nate del Mondo Creato* (1592) du Tasse, *La Creación del Mundo*
(1615) d'Acevedo, ainsi que sur *Paradise Lost* de Milton, oblige
de considérer cette oeuvre, du moins par son retentissement,
comme l'un des évènements littéraires les plus importants du
seizième siècle.[3]

Plus prévisible peut-être que ce succès initial, le discrédit
dans lequel l'oeuvre ne tarda pas à tomber constitue lui aussi un
des épisodes les plus frappants dans l'histoire des fortunes littéraires. Sans doute Sainte-Beuve, lorsqu'il voyait dans l'édition
de 1611 "comme le tombeau de Du Bartas", montrait-il un empressement quelque peu excessif à ensevelir un poète qui méri-

---

[1] Le commentaire de Goulart, portant principalement sur les sources
philosophiques et scientifiques de Du Bartas, paraît pour la première fois à
la suite de l'édition de 1581, chez Jacques Chouët; celui de Thévenin, plus
exclusivement littéraire, paraît quatre ans plus tard. Les traductions les plus
importantes de la *Création du Monde* sont celles de Josuah Sylvester (1605)
et de Ferrante Guisone (1592). Quant à la traduction latine, d'Edouard du
Monin, elle paraît en 1579, soit un an à peine après les poème de Du Bartas.
Une deuxième traduction en latin, due à Gabriel de Lerme, date de 1583.

[2] Son oeuvre la plus médiocre —on a pu la qualifier de simple "mise
en vers de la table des matières de la *Première Sepmaine*"—, la *Création du
Monde* de d'Aubigné fut publiée pour la première fois en 1874, au tome III
des *Oeuvres complètes* (éd. Réaume et de Caussade).

[3] L'influence de la *Création du Monde* sur le poème du Tasse fait l'objet
d'un essai de P. Toldo, "Il poema della Creazione del Du Bartas e quello
di Torquato Tasso", dans *Due articoli litterari* (Rome, 1894). Sur la dette de
Milton envers Sylvester et Du Bartas, la thèse de Harry Ashton, *Du Bartas
en Angleterre* (Paris: Emile Larose, 1908) a été dépassée depuis par le livre
de George C. Taylor, *Milton's Use of Du Bartas* (Cambridge, Mass.: Harvard
University Press, 1934).

tait si peu, selon lui, de survivre. Au dix-septième siècle, en effet, Du Bartas, n'est pas tout à fait aussi oublié qu'on l'a dit. Avant de décroître progressivement, son influence se fait encore sentir non seulement sur les imitations telles que la *Loy de l'Eternel* (1635) du protestant Jangaston d'Orthez, mais aussi sur tout le courant de poésie épique qui connaît une certaine vogue vers le milieu du siècle.[4] Parmi les poètes moins obscurs, Chapelain, dans sa *Pucelle,* se serait encore souvenu de son oeuvre;[5] selon un article récent, on en trouverait même des échos chez La Fontaine.[6] D'autre part, des écrivains qui ne lui doivent rien semblent eux aussi avoir connu sa poésie. Sorel revient sur lui à deux reprises.[7] Racine note son nom, avec celui de Ronsard, en marge d'un passage de Quintilien.[8] Il n'est pas ignoré de Boileau, ni de La Bruyère. Mais déjà, chez ces derniers, son nom a perdu tout prestige, pour devenir uniquement synonyme de poète surestimé de ses contemporains, et à qui les générations subséquentes assignent enfin sa juste place dans l'histoire de la poésie.[9] Après quoi, au siècle suivant, l'abbé Goujet aura beau

---

[4] Sur le rôle de Du Bartas dans le développement de la poésie épique en France, voir R. A. Sayce, *The Biblical Epic in France in the Seventeenth Century* (Oxford: Clarendon Press, 1955).

[5] Cf. J. Arthos, *The Language of Natural Description in Eighteenth Century Poetry* (Ann Arbor: Michigan University Press, 1949), p. 79.

[6] J. D. Biard, "La Fontaine et Du Bartas", *Studi Francesi,* Maggio-Agosto 1966, pp. 279-287. L'article est du reste assez peu convaincant.

[7] Dans les "Remarques sur le 13e livre du *Berger Extravagant*"; puis une seconde fois dans sa *Bibliothèque françoise* (éd. 1664, p. 211) pour atténuer un premier jugement excessivement défavorable.

[8] J. Racine, *Oeuvres,* éd. des Grands Ecrivains de la France (Paris: Hachette, 1865-1873) tome VI, p. 337.

[9] Boileau, qui ne le mentionne pas dans son *Art poétique,* s'est souvenu de lui dans ses *Réflexions critiques sur quelques passages du rhéteur Longin,* pour le ranger, avec Ronsard, Du Bellay et Desportes, parmi les poètes justement oubliés de la Pléiade. Cf. *Oeuvres complètes de Boileau* (Paris: Garnier Frères, 1873) p. 359.

Pour La Bruyère, Du Bartas serait un de ceux qui ont le plus contribué à la corruption de la langue du seizième siècle; encore ne le mentionne-t-il qu'une fois, dans la neuvième édition des *Caractères,* où son nom remplace celui de Saint-Gelais. Cf. G. Pellissier, *La Vie et les oeuvres de Du Bartas* (Paris: Hachette, 1883) p. 282.

Remarquons pourtant que même dans la deuxième moitié du seizième siècle, la condamnation dont fait l'objet l'oeuvre de Du Bartas n'est pas tout à fait unanime. Il n'est pas sans intérêt, étant donné sa date relative-

écrire sur Du Bartas l'article le plus long qu'on lui ait jusque-là consacré;[10] Lefebvre de Saint-Marc, un intime de l'abbé, aura beau, dans une note de son édition des oeuvres de Boileau,[11] lui décerner un éloge extravagant et voir en lui le plus grand poète de son temps —l'attitude la plus caractéristique du dix-huitième siècle à son égard n'en sera pas moins une hostilité agressive chez les critiques, et une indifférence à peu près totale chez les grands écrivains.[12]

* * *

Devant cet éclatant succès, suivi presqu'aussitôt d'un discrédit tout aussi notable, il est surprenant de constater le peu d'intérêt que cette poésie a suscité par la suite chez les critiques. Les fluctuations mêmes de sa renommée en font pourtant un des phénomènes les plus curieux de l'histoire de la littérature : ne fût-ce qu'à ce titre, l'oeuvre de Du Bartas semble mériter mieux que le dédain auquel elle se heurte le plus souvent.

---

ment tardive ainsi que la personnalité de son auteur, de trouver sous la plume de Mademoiselle de Scudéry cet éloge à peine tempéré d'une légère réticence : "Considère bien ensuite un Poète dont le génie sera grand, dont le style sera sublime; il aura de la force et de la hardiesse, et méritera d'être traduit en latin et en italien. Il se nommera Du Bartas, et n'aimera que les grands sujets. Mais comme la langue française n'aura pas encore acquis toute sa perfection, ses ouvrages paraîtront bientôt avoir quelque chose de vieux dans le style." *Clélie* (Paris : Augustin Courbé, 1660) tome IV, livre 2, p. 858.

[10] Dans sa *Bibliothèque françoise* (Paris : Mariette et Guerin, 1741-1756) tome XIII, p. 304.

[11] *Les Oeuvres de M. Boileau Despréaux* (Paris : David, 1747) tome III, p. 305. La note qui concerne Du Bartas n'est pas reprise dans les éditions subséquentes.

[12] Sur tout ce qui concerne la renommée de Du Bartas, son influence, ainsi que l'attitude des critiques à l'égard de son oeuvre depuis sa parution jusqu'à la fin du dix-neuvième siècle, voir G. Pellissier, *op cit.*, chapitre VII. Dans le chapitre II de son *Guillaume de Sallustre Sieur Du Bartas, A bibliographical and critical study* (Chapel Hill, North Carolina University Press, 1935) U. T. Holmes Jr. a repris ce travail et l'a continué jusqu'à l'année 1935. Afin d'éviter tout double emploi, nous n'avons retenu de ces deux ouvrages que ce qui nous a semblé indispensable pour esquisser, à grands traits, la fortune littéraire de Du Bartas pendant cette période. Du point de vue du simple recensement des travaux critiques sur Du Bartas, ce que cette étude peut contenir de neuf se trouve dans la partie du présent chapitre qui concerne les travaux des trente dernières années.

Il est vrai que ce dédain s'explique dans une large mesure par l'optique particulière très vite adoptée sur cette oeuvre, et qui semblait dispenser les quelques critiques qui se sont penchés sur elle, de la juger en tant qu'oeuvre d'art. En face d'un problème qui semblerait, à première vue du moins, relever du phénomène de la variation du goût en matière de poésie, l'attitude des critiques se ramène en effet, dans l'ensemble, à un effort pour mettre en doute, même au seizième siècle, la portée strictement littéraire de la vogue de Du Bartas.

Un des arguments avancés le plus volontiers par les critiques qui voudraient minimiser la signification littéraire de cette vogue, consiste à nier que celle-ci ait jamais été autre chose qu'un phénomène uniquement provincial et étranger. C'est ainsi que Sainte-Beuve, mettant en avant l'origine gasconne de Du Bartas, ainsi que son sentiment d'infériorité vis-à-vis des poètes parisiens dont il enviait l'aisance et le raffinement, cherchera dans une hypothèse de ce genre la raison de l'éclat initial, puis du déclin subséquent d'une réputation qui n'avait pu survivre, selon lui, au jugement plus averti des critiques de la capitale. "Ce que je crois entrevoir", écrit Sainte-Beuve dans l'article qu'il consacre en 1842 à Du Bartas, "ce que j'espère prouver, c'est que même de son temps, malgré toute sa vogue et sa gloire, il fut toujours un peu le poète des provinces et celui des réfugiés".[13] Mais pour tentante qu'elle fût aux yeux d'une critique hostile, une telle hypothèse resiste-t-elle aux faits? Les preuves irréfutables d'une réputation quasi universelle, et auxquelles on pourrait ajouter encore l'existence des nombreuses éditions parisiennes (et non plus seulement étrangères ou provinciales) des *Sepmaines,* n'affaiblissent-elles pas singulièrement toute tentative de réduire Du Bartas aux dimensions négligeables d'un poète de province?

Beaucoup plus convaincante, au premier abord, paraît l'attitude de ceux qui, sans mettre en question la renommée de Du Bartas, en voient néanmoins la cause ailleurs que dans les qualités strictement poétiques de son oeuvre. A en croire ces critiques, ce n'est qu'à la faveur d'un malentendu qu'on a pu

---

[13] Saint-Beuve, "Du Bartas", *Tableau historique et critique de la poésie française et du théâtre français au XVIe siècle* (Paris: Charpentier, éd. 1869) p. 387.

exagérer l'importance d'une vogue qui s'expliquerait surtout par des facteurs d'ordre étranger à la littérature proprement dite. Plus précisément, le succès de l'oeuvre se justifierait moins par ses vertus poétiques que par son caractère marqué de poème religieux.

Au seuil d'une étude qui se propose d'envisager la *Création du Monde* dans une perspective essentiellement littéraire, il convient tout d'abord de faire face à une telle charge. Sans minimiser le rôle de certains éléments extra-poétiques qui ont indéniablement contribué au succès de Du Bartas auprès de ses contemporains, nous avons cru important de commencer par situer le débat sur le terrain où celui-ci s'est véritablement joué, et qui nous paraît être bel et bien celui de la poésie.

La tendance à voir dans la vogue des *Sepmaines* un phénomène religieux plutôt que littéraire remonte pour le moins aux pages consacrées à Du Bartas par Guillaume Colletet. C'est en effet le biographe des poètes gascons qui semble avoir le premier lancé l'idée selon laquelle la popularité de la *Création du Monde* aurait été dûe avant tout à l'exploitation dont elle fut l'objet entre les mains du parti protestant:

> Pour fortifier d'autant plus ce nouveau party, écrit Collette, ceux de la religion pretendue reformée, du nombre desquels il estoit, prirent comme à tasche de lire, de traduire et de commenter ses ouvrages, et de les faire reimprimer à l'envy par toutes les villes de France et d'Allemagne où ils estoient les maistres. De là vient que nous n'avons peut estre point de livres en nostre langue plus cognus, ny plus fameux que les siens.[14]

Au contraire de l'explication proposée par Sainte-Beuve, cette deuxième hypothèse [15] ne manque pas de vraisemblance. Elle

---

[14] Guillaume Colletet, *Vies des poètes gascons,* éd. Philippe Tamizey de Larroque (Paris: A. Aubry, 1866) p. 71.

[15] Reprise d'ailleurs elle aussi par Sainte-Beuve, décidément soucieux d'accumuler contre Du Bartas tous les arguments susceptibles de compromettre sa réputation de poète: "on peut dire qu'indépendamment presque du mérite poétique plus ou moins distingué, la *Sepmaine,* venue à point, réussit par son sujet comme l'eût fait la Bible traduite en français, comme plus tard on vit réussir, même parmi les dames, le *Nouveau Testament* de Mons." *Op. cit.,* p. 383.

permet d'expliquer, par exemple, la volte-face surprenante des autorités religieuses devant une oeuvre qui portait, à sa parution, l'*imprimatur* des théologiens de la Sorbonne, mais qui se trouvait soudain à l'Index, dès 1594, date à laquelle elle serait devenue un instrument gênant de propagande religieuse.[16] Mais une telle supposition n'en a pas moins le défaut de surestimer la valeur polémique d'une oeuvre qui en est, en réalité, curieusement dépourvue. Sainte-Beuve remarquait déjà chez Du Bartas l'absence à peu près totale de préjugés sectaires,[17] et il suffit de comparer la *Création du Monde* à un poème comme *Les Tragiques* pour mesurer à quel point le poème de Du Bartas est libre de tout esprit de parti. En fait, bien plus qu'une oeuvre protestante, la *Création du Monde* apparaît comme l'oeuvre d'un poète chrétien, et c'est surtout en tant que telle qu'elle a dû contribuer à attirer à elle le groupe nombreux d'admirateurs dont les réformés furent loin d'être les seuls membres.

Selon toute probabilité, ce serait donc sa résonance profondément religieuse —plutôt qu'étroitement protestante— qui aurait valu à la poésie de Du Bartas une part au moins de son premier succès. Tranchant par son sérieux ainsi que par l'ampleur de son inspiration sur la plupart des productions de l'époque, elle dut répondre, à sa parution, au besoin de poésie grave ressenti par toute une classe de lecteurs qu'avaient cessé de satisfaire les jeux plus ou moins gratuits des poètes de cour. Il est même tout à fait possible que, par réaction contre l'esthétique de l'art pour l'art qui régnait alors, on ait fini par se montrer plus sensible au "message" d'une oeuvre qu'à ce qu'elle pouvait contenir de pure poésie. C'est ainsi que dans plus d'une bibliothèque, la *Création du Monde* devait voisiner de préférence avec des traités de théologie, de philosophie ou de morale, plutôt qu'avec des ouvrages essentiellement poétiques.[18]

---

[16] Cette mise à l'Index général de Rome, mentionnée pour la première fois par A. Poissevin (*Tractatio de poesi et pictura ethnica*, 1595) a été contestée par T. U. Holmes Jr., *Op. cit.* tome 1, p. 27. Quoi qu'il en soit, le fait que l'oeuvre a été plus tard mise à l'Index en Espagne montre bien —et c'est là l'essentiel— l'hostilité dont elle dut être l'objet dans le camp des catholiques.

[17] Sainte-Beuve, *loc. cit.*

[18] C'est du moins ce que suggère le catalogue d'une bibliothèque de voyage que nous avons pu consulter au British Museum. Datée de 1620

Le prestige que lui conférait son inspiration religieuse était en outre renforcé par le côté encyclopédique du poème, qui ne fut sans doute pas, lui non plus, étranger à la vogue qu'il connut lors de sa parution. A ce propos, le titre d'une traduction anglaise des *Commentaires* dont Goulart avait orné l'oeuvre de Du Bartas, insiste d'une façon bien révélatrice sur un aspect de cette oeuvre qui ne devait pas laisser indifférents les lecteurs de l'époque:

> A learned summary, y est-il dit en effet de la traduction, upon the famous poeme of Sallust, lord of Bartas. Wherein are discovered all the excellent secrets in metaphysicall, physicall, morall and historicall knowledge. Fit for the learned to refresh their memories, and for the younger students to abreviat and further their studies: wherein nature is discovered, art disclosed, and history laid open.[19]

L'ouvrage s'adressait donc avant tout à une catégorie de lecteurs à qui l'épopée de Du Bartas —de préférence commentée— ouvrait les portes d'une érudition d'autant plus attrayante qu'elle était auréolée de poésie. Nul doute qu'elle n'en fût que plus appréciée: Tout au plus pourrait-on ajouter, comme entre parenthèses, que ces aspects extra-littéraires des *Sepmaines*, qui nous paraissent aujourd'hui si contradictoires avec la notion même de poésie, étaient loin de paraître tels à une époque où Laudun d'Aigaliers, dans son *Art poétique françois* (1597), rangeait parmi les "Conditions que doit avoir le Poëte", outre "la connaissance de la Logique, Physique et Metaphysique, Medecine, Loix, Geometrie, Cosmographie, Astrologie", celle des "arts militaires, nautiques et Mechaniques". Sans quoi, avertissait l'auteur, "on ne peut parvenir à la perfection".[20]

---

environ, et appartenant à un certain Sir Julius Caesar, cette bibliothèque de 44 volumes contient une édition de la *Première Sepmaine* curieusement cataloguée sous la rubrique "Theology and Philosophy". (British Museum, C. 20. f. 27).

[19] Il s'agit de la traduction de Thomas Lodge, parue en 1637 à Londres, chez Andrew Cooke.

[20] Laudun d'Aigaliers, *Art poétique françois* (Paris: Anthoine du Brueil, 1597) livre IV, chapitre VII, p. 254. En insistant sur ces préoccupations scientifiques, Laudun d'Aigaliers ne fait bien entendu que reprendre une

Cependant, malgré tout ce que le succès de Du Bartas a pu devoir aux aspects secondaires de son oeuvre, c'est aussi par ses qualités purement poétiques qu'il semble s'être imposé à tout un groupe de contemporains. Seules ces qualités esthétiques pourraient expliquer, par exemple, l'admiration —initiale tout au moins— d'un Ronsard ou d'un D'Aubigné.[21] Elles seules ont pu assurer à Du Bartas l'admiration des critiques littéraires professionnels, qui elle aussi est indéniable. C'est chez Du Bartas poète, et non pas théologien ou encyclopédiste, que Pierre de Deimier trouve à admirer "des vers des plus beaux du monde".[22] C'est évidemment comme poète qu'il s'impose à Laudun d'Aigaliers, lorsque ce dernier voit en lui l'héritier le plus digne d'Homère et de Virgile.[23] Le témoignage de La Croix du Maine, qui date de 1584 (soit l'année même où paraissent les deux premiers jours de la *Seconde Sepmaine*) est d'autant plus précieux qu'il semble se borner, par l'absence de tout jugement personnel, à consigner l'opinion critique de l'époque:

> La réputation que s'est acquise (Du Bartas) par ses doctes Ecrits, m'empêche de le louer ici davantage, car ce serait vouloir apporter de l'eau en la mer, pour la croître, et d'autre part je me rendrois suspect à tous ceux qui tâchent de rabaisser sa gloire, ce que j'aime mieux taire que d'en parler plus avant, n'ayant icelui de Bartas besoin d'autre trompette de ses louanges que les Oeuvres mises par lui en lumière, depuis quelques années en ça, les-

---

des idées chères aux poètes de la Pléiade. Cf. ce qu'en disait déjà Du Bellay: "Encores te veux-je advertir de hanter quelquesfois, non seulement les scavans, mais aussi toutes sortes d'ouvriers et gens mecaniques, comme mariniers, fondeurs, peintres, engraveurs et autres, sçavoir leurs inventions, les noms des matieres, des outilz, et les termes usitez en leurs ars et metiers, pour tyrer de la ces belles comparaisons et vives descriptions de toutes choses". *Deffence et illustration de la langue françoyse*, éd. Henri Chamard (Paris: A. Fontemoing, 1904) livre II, ch. XI, pp. 303-4.

[21] Sur l'attitude assez ambiguë de Ronsard et de D'Aubigné envers Du Bartas, voir U. T. Holmes Jr., *Op. cit.* ch. II. Il s'agit là du premier tome des oeuvres complètes de Du Bartas, publiées sous le titre *The Works of Du Bartas* par la North Carolina University Press (1935-40). C'est à cette édition, en trois volumes, que renvoient toutes les citations empruntées aux oeuvres de Du Bartas au cours de cette étude.

[22] Pierre de Deimier, *Académie de l'art poétique* (Paris: Jean de Bordeaulx, 1610) p. 431.

[23] Laudun d'Aigaliers, *Op. cit.*, p. 260.

quelles ont été imprimées par plus de trente fois diverses, depuis cinq ou six ans.[24]

Antoine Du Verdier, qui continuera *Les Bibliothèques françoises* à la mort de La Croix du Maine, précisera quelques années plus tard le jugement de son prédécesseur en insistant uniquement sur l'aspect poétique des *Sepmaines*. Après avoir loué chez Du Bartas sa "vive et émerveillable éloquence", Du Verdier lui assigne sa place parmi les poètes de l'époque. Même pour un pur historien de la littérature, cette place n'est pas de second plan:

> Et faut qu'on confesse, enchérit en effet du Verdier, que sur tous les Poëtes François (j'en excepterai hardiment Pierre de Ronsard) il emporte la palme. Mais, après Ronsard, qui ne lui cède en rien, il est le premier. Je le dis avec la commune voix des plus Doctes, qui tomberont toujours d'accord que sans un Ronsard, qui premier a montré le chemin, auparavant nullement frayé en notre France, de poëtiser à la mode des anciens Grecs et Latins, nous n'aurions pas un Bartas... Toutefois, afin de ne fruster l'un ne l'autre, de la gloire qu'ils se sont acquise, nous dirons que Ronsard étoit sans compagnon, et que maintenant il en a un en Du Bartas.[25]

De tels passages ne sont pas dépourvus d'importance. S'ils restent trop vagues sur les raisons de l'admiration dont elle était l'objet, ils prouvent néanmoins une fois de plus qu'aux yeux des contemporains l'oeuvre de Du Bartas se distinguait avant tout par sa valeur poétique. Sur le plan de la grande poésie, l'auteur de la *Création du Monde* ne le cédait pas de beaucoup à celui des *Hymnes*. L'insistance avec laquelle Du Verdier défend Ronsard suggère même qu'il ne manquait pas de juges prêts à décerner à son rival de province le titre prestigieux de "prince des Poëtes".

* * *

---

[24] La Croix du Maine, *Les Bibliothèques françoises* (Paris: Saillant et Nyon, 6 vol. 1772-1773) Vol. 1, p. 347.

[25] *Ibid.*, tome IV, pp. 125-126.

Né d'une explication tout au plus partielle de son succès, le malentendu qui plane sur l'auteur de la *Création du Monde*, et qui consiste à ne voir en lui que le vulgarisateur d'un certain nombre de notions scientifiques et religieuses, s'est trouvé renforcé par l'attitude d'une critique hostile devant l'oubli où son oeuvre ne tarda pas à tomber. Une fois de plus, en effet, la critique semble avoir succombé à la tentation d'invoquer, pour expliquer un phénomène essentiellement littéraire, des facteurs étrangers à la nature purement esthétique de l'oeuvre : les mêmes facteurs d'ailleurs, puisqu'il s'agit ici encore de science et de religion. Se tournant à nouveau vers ces deux aspects secondaires de sa poésie, on a cherché là, c'est-à-dire en marge de l'oeuvre elle-même, la raison de l'indifférence d'un public qui aurait évolué, qui aurait appris à s'instruire ailleurs que dans des encyclopédies périmées, et dont la soif de connaissance se serait par ailleurs quelque peu affaiblie, en même temps que s'affaiblissait l'intensité de son sentiment religieux.

Cependant, lorsqu'on refuse de se contenter d'hypothèses et qu'on examine, après les louanges, les griefs portés contre Du Bartas par ceux qui se désintéressent de son oeuvre, on s'aperçoit qu'eux aussi sont avant tout d'ordre littéraire.

De ces griefs, le plus fondamental peut-être concerne la notion même de l'épopée chrétienne que Du Bartas était à peu près le premier à ressusciter en France. Sans doute faut-il reconnaître que lorsque Du Bartas se vante, dans ses préfaces, d'avoir été le seul parmi ses contemporains à renoncer à la Muse païenne, il méconnaît —ou bien il ignore— que depuis 1560 environ, la poésie religieuse n'est plus une nouveauté à la Cour parisienne. Après les sonnets d'Anne des Marquets, de Jacques de Billy, de François Perrin, de Desportes même —toujours prêt à sacrifier à la mode du moment—, chanter les louanges de Dieu ne constitue plus pour un poète une preuve d'originalité.[26] Mais si l'inspiration religieuse d'une oeuvre comme la *Création du Monde* n'était pas en elle-même originale, il n'en reste pas moins que ce qu'on appellera plus tard le "merveilleux chrétien", et dont l'oeuvre était évidemment infuse, constituait, lui, une nouveauté

---

[26] Cf. M. Raymond, *L'influence de Ronsard sur la poésie française* (Genève : Droz, 1965), 2ème partie, p. 266 et suivantes.

de toute première importance, et qui de plus allait à contre-
courant des tendances de l'époque. Malgré l'*Art poétique* dans
lequel Vauquelin de la Fresnaye exhorte les poètes à abandonner
les héros païens et à emprunter au christianisme le fond de leurs
poèmes épiques; malgré les admirateurs de Du Bartas, dont certains allaient jusqu'à lui reprocher la timidité de son entreprise
de "christianisation", et le critiquaient pour la part, encore trop
belle selon eux, qu'il faisait à la mythologie, Du Bartas s'était
vite trouvé en minorité, et dans l'obligation de faire face au reproche contraire: celui d'avoir introduit dans l'épopée ces mystères chrétiens dont on pensait déjà, sans l'avoir dit encore, qu'ils
n'étaient pas susceptibles d'ornements égayés.

Si la question du "merveilleux chrétien" devra attendre le
milieu du six-septième siècle pour se trouver l'objet d'un débat
explicite et aboutir à la célèbre querelle qui opposera Desmarets
de Saint-Sorlin et Boileau, on peut entrevoir dès la fin du siècle
précédent l'attitude de ceux que choquaient déjà les sujets religieux dans le cadre de l'épopée. Leur opposition, pour ne pas
s'exprimer encore ouvertement, ne s'en laisse pas moins deviner.
On peut la déduire, par exemple, d'un passage de la préface
posthume de la *Franciade*, dont l'intention immédiate est de préciser la fonction du "poète héroïque" qui se propose de composer une épopée, mais qui aborde aussi, quoiqu'indirectement,
la question du merveilleux.

> Le poète, affirme Ronsard, a pour maxime très nécessaire
> en son art de ne suivre jamais pas à pas la vérité, mais
> la vray-semblance et le possible, et sur le possible, et sur
> ce qui se peut faire, il bastit son ouvrage, laissant la véri-
> table narration aux historiographes.[27]

Le vraisemblable, et non le vrai, est donc le seul domaine
légitime de la poésie épique, qui par ailleurs tire ses vertus les
plus prestigieuses des "ornements de la fable" dont elle ne peut
se passer. Dans un tel contexte, il n'est pas surprenant que les
Sepmaines aient rencontré une opposition de plus en plus intense.
Obligées par leur propos même de s'en tenir à la vérité révélée

---

[27] Ronsard, *Oeuvres complètes*, éd. Laumonier, tome VII, pp. 80-81.

sous peine de tomber dans le sacrilège, elles se voient refuser le titre d'épopées, et leur auteur celui de poète.[28]

Un autre reproche contre lequel Du Bartas dut se défendre, fut celui d'avoir transgressé dans ses oeuvres de longue haleine les prétendues lois formelles du genre épique. D'après l'idée qu'on se faisait de l'épopée au seizième siècle, il existait, pour composer un poème épique en bonne et due forme, un ensemble de recettes poétiques dont l'usage seul garantissait la perfection. L'absence de songes, de descentes aux enfers, de courses de char et autres procédés éprouvés et jugés indispensables, ne pouvait manquer de rendre suspectes les épopées de Du Bartas à des critiques qui considéraient déjà l'imitation des anciens comme la condition essentielle de toute réussite artistique. A la suite du cardinal Du Perron qui reproche au poète d'aller "son grand chemin" sans suivre "aucune regle establie par les anciens qui ont escrit",[29] les pédants de l'époque, dont le nombre ira croissant au siècle suivant, ne verront dans les deux *Sepmaines* que l'oeuvre monstrueuse d'une imagination désordonnée et bizarre.[30]

Ce désordre qui trahit une coupable indifférence aux préceptes de la tradition épique, on le condamne non seulement dans la conception toute personnelle de ses épopées ou dans leur excentricité structurale, mais aussi dans le style même de Du Bartas qui reflète fidèlement la bizarrerie de son imagination. Ce qui semble avoir surtout choqué les lecteurs délicats fut le manque d'aisance et d'élégance qui faisait regretter au poète lui-

---

[28] Cette conception de la poésie épique ainsi que du poète héroïque n'est pas particulière à Ronsard. Elle ne se limite pas non plus aux poètes de la Pléiade. Le cardinal Du Perron, entre autres, la reprend à son compte, pour reprocher à Du Bartas de n'avoir fait autre chose que "raconter une histoire, ce qui est contre la poësie, qui doit envelopper les histoires des fables, et dire toutes choses qu'on n'attend et n'espère point". (*Perroniana, sive excerpta ex ore Cardinalis Perronii per F. F. P. P.* Genevae: Apud Petrum Colemesium, 1667, p. 30). A la suite de Ronsard et de Du Perron, Scévole de Sainte-Marthe et Colletet, tout en admirant Du Bartas, verront en lui plus volontiers un "historien" qu'un poète. Cf., respectivement, *Gallorum doctrina illustrium qui nostra patriumque memoria floruerunt, elogia* (Augustoriti Pictonum: ex officina J. Blanceti 1602, p. 175) ainsi que *Vies des poètes gascons*, p. 83.

[29] Du Perron, *loc. cit.*

[30] Pellissier, *Op. cit.*, pp. 87-8.

même que ses "frases ressentent un peu (son) naturel ramage".[31] Mais ses "gasconismes" ne sont pas seuls à être dénoncés: on s'insurge aussi contre ses nombreux néologismes; on critique surtout un emploi trop fréquent d'épithètes composées, qu'on prétend incompatibles avec le génie particulier de la langue française. Sur un plan plus fondamental et qui dépasse le domaine de la linguistique, on s'emporte contre ses métaphores burlesques, qui vont elles aussi à l'encontre de toutes les règles du bon goût et de la tradition:

> Pour l'élocution, proclame par exemple le cardinal Du Perron dans un réquisitoire acharné, elle est très mauvaise, impropre en ses façons de parler, impertinente en ses métaphores, qui pour la plus part ne se doivent prendre que des choses universelles, ou si communes qu'elles ayent passé comme de l'espece au genre, comme le soleil: mais luy au (lieu de) dire, le Roy des lumieres, il dira le Duc des chandelles: au lieu de dire les Coursiers d'Eôle, il dira ses postillons, et se servira de la plus sale et vilaine Metaphore que l'on se puisse imaginer, et descend tousjours du genre à l'espece, qui est une chose fort vicieuse.[32]

Il est évident que par-delà cette prédilection pour "la plus sale et vilaine Metaphore", ce qu'un critique comme Du Perron vise chez Du Bartas est le tour même de sa sensibilité, la tendance caractéristique de son imagination à se complaire de préférence dans le concret et le particulier, à ramener systématiquement le sublime au familier, quitte à tomber dans le "trivial".

En même temps d'ailleurs que cette tendance vers le bas, coexiste chez Du Bartas un penchant opposé vers un ton volontiers solennel, exalté, sentencieux —autrement dit vers une emphase qui elle aussi va à l'encontre du goût de certains contemporains. De Thou note à cet égard que "certains juges trouvent le langage du poète trop figuré, ampoulé...";[33] Colletet parle de son style qui "passe parmy les intelligens pour un style enflé et

---

[31] *"Préface à la Reine de Navarre"*, *The Works of Du Bartas,* tome I, p. 215.

[32] Du Perron, *Op. cit.,* pp. 30-31.

[33] De Thou, *Histoire universelle* (Londres, éd. 1734) tome XI, livre XCIX, p. 231.

bouffi",[34] et le Père Rapin lui reproche, entre autres choses, de faire consister l'essence de la poésie dans la grandeur et la magnificence des paroles.[35] Il est vrai que nous sommes arrivés, avec ce dernier critique, à une époque où "l'honnêteté" des mondains censure tout éclat, où l'on voit le chevalier de Méré s'élever notamment contre "les beautés d'éclat en fait de paroles",[36] et où, de façon générale, tendent à s'imposer face à la démesure et à l'exubérance baroques, les critères du naturel et du raisonnable.

Ces critères, cependant, ont des racines au siècle précédent, et ce sont eux, comme nous venons de le voir, qu'invoquent déjà les détracteurs contemporains de Du Bartas. Lorsque Ronsard, dans sa préface posthume à la *Franciade*, dénonce l'extravagance et le grotesque du style de certains poètes dans lesquels il est facile de reconnaître Du Bartas et ses imitateurs, il laisse déjà pressentir quels seront les critères littéraires de la génération classique, et par là même le genre de reproches auxquels continuera à s'exposer au siècle suivant une oeuvre comme la *Création du Monde*. Tous ces reproches se ramènent en effet, comme on le voit, à l'indifférence envers les règles établies, au manque de mesure et de raffinement, ainsi qu'à une prédilection obstinée pour les aspects les plus concrets du réel. Ils mettent ainsi en évidence tout ce qui sépare Du Bartas, habituellement rangé parmi les disciples de la Pléiade, de la lignée des Desportes, des Bertaut et des Du Perron —de ceux que Marcel Raymond appelle les "avancés" et qui sont déjà de véritables pré-classiques.

* * *

C'est donc sur un plan essentiellement esthétique que s'est joué le sort de Du Bartas, coupable en dernier lieu d'avoir dérogé aux règles de cette notion ambiguë qu'est le "bon goût", et qui repose plus ou moins consciemment sur les préceptes du classicisme.

---

[34] Colletet, *Op. cit.*, p. 73.

[35] René Rapin, *Reflexions sur la Poétique d'Aristote, et sur les ouvrages des Poetes anciens et Modernes* (Paris: François Muguet, 1674), pp. 80 et 167.

[36] Méré, cité par M. Raymond, "Le Baroque littéraire français (état de la question) *Studi Francesi*, No. 13, Gennaio-aprile 1961, p. 25.

Goethe, dans les lignes célèbres qu'il a consacrées au poète,[37] voyait déjà en Du Bartas la victime exemplaire de ce préjugé classique dont il soulignait l'insuffisance, tout en invoquant la nécessité de critères moins bornés, qui tiendraient compte du génie et de l'originalité propre de chaque oeuvre. La postérité a néanmoins continué à condamner Du Bartas à la faveur de ce même préjugé et cela non seulement pendant le dix-septième et le dix-huitième siècles, mais tout au long de la période romantique et au-delà.

Certes, à l'époque même où Goethe dénonce le parti-pris classique des Français, quelques signes peuvent déjà laisser croire à l'évolution vers une attitude moins dogmatique. La "classicisation" progressive de la langue, entre autres caractéristiques, cesse d'apparaître à tous comme un progrès indiscutable. Alors qu'au milieu du dix-huitième siècle la langue vieillie de la Renaissance ne fournissait qu'un prétexte de plus au dédain que suscitait sa poésie, on commence, et cela dès la fin du siècle, à voir au contraire dans cette désuétude un charme auquel on redevient sensible. C'est ainsi qu'en 1797 on peut trouver, sous la plume d'un admirateur anonyme de Du Bartas, l'éloge chez ce dernier d'une langue "encore informe, et qui pourtant dans ses vieilles tournures a des grâces, une énergie, une flexibilité surtout que nous n'avons plus dans notre patois moderne dont nous sommes si fiers".[38]

Mais ce n'est là qu'un signe isolé. Contemporaine d'un mouvement littéraire qui remet en question, jusqu'à en prendre souvent le contrepied, les préjugés esthétiques des générations précédentes, la critique —paradoxalement— ne semble pas avoir évolué dans le même sens. On s'en rend compte aisément lorsqu'on examine de près un livre aussi symptomatique du climat intellectuel de l'époque que le *Tableau historique et critique de la poésie française et du théâtre français au XVIe siècle*. Ce n'est qu'en apparence que la thèse de Sainte-Beuve se présente comme

---

[37] Goethe, J. W. *Rameau's Neffe*. Ein Dialog von Diderot. *Aus dem Manuskript ubersetzt und mit Anmerkungen Begleitet von Goethe* (Leipzig, 1805), pp. 403-12.

[38] *Soirées littéraires*, 1797, tome VIII, p. 154. L'article du critique anonyme, très favorable, devance de plus de trente ans la "redécouverte" de Du Bartas par Sainte-Beuve.

la contrepartie, dans le domaine critique, de la révolution romantique en cours. Marquant une étape à bien des égards déterminante dans le destin de la littérature de la Renaissance, elle n'en trahit pas moins une attitude curieusement traditionnelle dans la perspective qu'elle adopte sur cette dernière. Pour s'en convaincre, il suffit de constater que ce qui en fait à ses yeux le prix, ce sont moins ses qualités originales que celles qui laissent déjà pressentir la littérature élégante et "mignarde" à sa façon — le classicisme décadent du dix-huitième siècle.

Tout comme sa prédilection pour le Ronsard de "Mignonne, allons voir si la rose...", l'attitude de Sainte-Beuve vis-à-vis de Du Bartas confirme cette impression. Alors que la plupart des poètes dont il traite font volontiers figure de victimes de l'histoire littéraire, Du Bartas apparaît au contraire comme l'agent, le responsable même du discrédit que par une injuste association dans l'esprit de la postérité, son oeuvre médiocre a jeté sur toute la poésie de son époque. Parce qu'on a vu en lui un représentant modèle de la poésie de son temps, "il a obstrué longtemps le retour de la critique à cette jolie poésie de Henri II et de Henri III".[39] Ce qui ne veut pas dire que l'oeuvre de Du Bartas lui apparaisse absolument dépourvue de vertus poétiques. Pas plus que ses prédécesseurs même les moins disposés à l'égard du poète, Sainte-Beuve ne peut rester insensible à certaines qualités de la *Premiere Sepmaine*. Il ne peut s'empêcher d'y admirer, entre autres choses, "un certain air de grandeur" et des "tirades éloquentes", l'élévation de la pensée et la "noblesse des descriptions". Mais cette admiration ne fait pas le poids en face des réserves qu'il accumule à plaisir, et qui aboutissent finalement à une condamnation sans appel.

Or que reproche-t-il précisément à l'oeuvre? Tout d'abord, de manquer de ce "léger de la Muse" dans lequel Sainte-Beuve semble voir une condition essentielle de toute réussite poétique : défaut si grave à ses yeux qu'il place cette poésie, à laquelle il reconnaît par ailleurs une ampleur presque cosmique, au-dessous du premier couplet venu, pourvu qu'il fût bien tourné et qu'il respectât certaines conventions techniques auxquelles Du Bartas

[39] Sainte-Beuve, *Op. cit.*, p. 392.

ne prêtait pas une attention suffisante.[40] Mais ce qui choque surtout Sainte-Beuve chez Du Bartas, ce sont ce qu'il appelle ses
"traits burlesques", ainsi que ses "expressions déplacées et de
mauvais goût".[41] L'image des "monts enfarinés d'une neige éternelle", qu'il était prêt à excuser en 1828 chez Ronsard,[42] se charge
soudain, lorsqu'il la retrouve chez Du Bartas en 1842, d'une tri-
vialité insupportable.[43] L'emploi de "salade", pourtant courant à
l'époque pour désigner le casque du soldat, lui semble d'un comique mal venu. Péchant tour à tour par le trivial et le pédan-
tesque, le poète lui apparaît, malgré certaines qualités auxquelles
le critique rend hommage, comme le chef de file des "ampoulés"
dûment moqués par Boileau, parmi lesquels se trouvent englobés
dans une même condamnation Saint-Amant, Scudéry, Chapelain
et Brébeuf.

* * *

L'article de Sainte-Beuve, au total assez peu favorable à
l'oeuvre de Du Bartas, avait du moins le mérite d'en rappeler
l'existence. Il n'en fallut pas moins attendre une quarantaine d'années avant qu'elle ne fasse l'objet d'une étude détaillée. La pre-
miére étude de ce genre —la seule jusqu'à ces dernières années—
est en effet le travail consacré au poète en 1883 par Georges Pellissier. Envisageant la production poétique de Du Bartas en érudit
et non plus seulement en critique littéraire, Pellissier a donné
de cette oeuvre une vue d'ensemble dont bien des aspects n'ont
pas été dépassés.[44] Tout au plus quelques découvertes posté-
rieures ont-elles permis de compléter ici et là certains chapitres
de sa thèse. C'est ainsi que la vie du poète, reconstituée par Pel-

---

[40] Sainte-Beuve lui reproche, par exemple, d'avoir enfreint la règle de
l'alternance des rimes masculines et féminines dans son *Uranie* (*Op. cit.*,
p. 382).

[41] *Op. cit.*, p. 384.

[42] *Op. cit.*, pp. 68-69.

[43] *Op. cit.*, p. 384. C'est à l'article consacré à Du Bartas en 1842, et non
pas à la thèse initiale de 1828 que renvoient nos citations. L'article parut
pour la première fois dans la *Revue des Deux Mondes* (XXIX, p. 550 et
suivantes). Il fait suite, dans la plupart des éditions, au *Tableau* proprement dit.

[44] *La vie et les oeuvres de Du Bartas*, cité plus haut.

lissier d'après des témoignages non toujours vérifiés, a pu être récrite par T. U. Holmes en tenant compte de divers documents d'archives; encore bien des facettes de cette vie restent-elles, peut-être à jamais, dans l'ombre. Pour ce qui est des sources de sa poésie, Pellissier s'était borné à constater l'influence des anciens (Virgile, Ovide, Lucrèce, Horace): la question a depuis été reprise d'une façon plus systématique dans une étude de Thibaut de Maisières,[45] ainsi que très récemment dans deux articles de Kurt Reichenberger.[46] De même, la langue de Du Bartas a été analysée avec plus de rigueur par A. E. Creore.[47] Quant à la renommée et à l'influence de Du Bartas, tout ce qui a été écrit sur le sujet après Pellissier ne fait que répéter ce dernier.

Tout ce qui a trait, par contre, à l'analyse et à l'appréciation littéraire de l'oeuvre, méritait selon nous d'être repris. Non pas que l'analyse de Pellissier ne soit souvent juste et poussée. Elle vaut notamment par les considérations sur les divers genres poétiques utilisés par Du Bartas, ainsi que sur la place que tient la nature dans son oeuvre. Elle vaut aussi par l'effort de replacer l'épopée dans son contexte historique. De plus, connaissant mieux que Sainte-Beuve la langue du seizième siècle, Pellissier évite les reproches d'ordre linguistique que ce dernier adressait à Du Bartas, et qui s'expliquent, dans la plupart des cas, par l'usage de l'époque. Mais ce supplément d'érudition n'empêche pas Pellissier de tomber, lorsqu'il tente de porter sur le poème un jugement de valeur, dans le travers qu'il avait dénoncé chez Sainte-Beuve, et qui consiste à condamner le style de l'oeuvre au nom du simple bon goût. Pour lui comme pour Sainte-Beuve, l'oeuvre

---

[45] *Les poèmes inspirés du début de la Genèse à l'époque de la Renaissance* (Louvain: Librairie universitaire, 1931).

[46] "Das epische Proömium bei Ronsard, Scève, Du Bartas" ainsi que "Das Schöpfungsepos des Du Bartas und die Tradition der antiken Hexamera", *Zeitschrift für romanische philologie*, H. 1-2, 1962 et 1963 respectivement. Cf. aussi son étude d'ensemble intitulée *Du Bartas und sein Schöpfungsepos* (München: Max Hueber, 1962) ainsi que le commentaire qui accompagne son édition critique de la *Création du Monde* (*Themen und Quellen der Sepmaine*, Tübingen, 1963).

[47] Dans "Du Bartas: a reinterpretation", *Modern Language Quarterly*, vol. I, No. 4, December 1940; ainsi que deux articles plus détaillés: "Word-formation in Du Bartas", *Bibliothèque d'Humanisme et Renaissance,* 15 (juin 1953) p. 192-208, et "The scientific and technical vocabulary of Du Bartas", *Bibliothèque d'Humanisme et Renaissance,* 21 (janvier 1959), p. 131-160.

de Du Bartas pèche irrémédiablement par l'enflure et la bassesse, défauts dont quelques-uns doivent certes être mis au
compte de la langue de l'époque, mais dont les plus graves tien-
nent, selon lui, à la pensée même plutôt qu'aux mots. A côté de
quelques trop grandes libertés de versification, ce que Pellissier
reproche le plus au poète, ce sont ces mêmes "traits burlesques"
qui déparent son oeuvre : comparaisons trop recherchées, "métaphores alambiquées",[48] antithèses artificielles qu'il met au compte
d'un "ressouvenir de l'ancienne poésie française à la fin du seizième siècle et au début du dix-septième." [49] A l'appui de ces
critiques, l'auteur dresse une longue liste d'images que le lecteur
d'aujourd'hui, habitué à toutes les hardiesses, serait tenté d'admirer pour la puissance, la naïveté, l'originalité de la vision poétique dont elles témoignent, mais qui choquaient la sensibilité,
plus soucieuse de bienséance, du lecteur de la fin du dix-neuvième siècle.

En somme, Pellissier ne semble pas avoir échappé à la tendance qui consiste à juger la poésie de Du Bartas par rapport
à celle de la Pléiade : aussi persiste-t-il à ne voir en lui qu'un
poète qui a visé plus haut, dont l'inspiration fut plus pure que
celle de ses devanciers, mais qui apparaît en dernier lieu comme
un simple disciple, quelque peu maladroit, de Ronsard.

Telle est d'ailleurs, malgré les soins de quelques critiques
régionaux soucieux de défendre la réputation de leur compa-
triote,[50] le jugement que continuera à porter sur Du Bartas la
critique du début du vingtième siècle :

> Il a voulu substituer une poésie chrétienne à l'inspi-
> ration païenne qui régnait dans la Pléiade, écrit à son
> propos Jean Plattard. C'est un mérite, et il y avait de la
> grandeur dans son dessein. Mais personne n'a outré plus
> indiscrètement les procédés de l'école ; il a allié la tri-
> vialité des expressions provinciales à l'emphase des
> termes savants ; il a abusé des épithètes composées à la

---

[48] Telle l'image du "bal mesuré des astres", ou celle du flambeau de
l'esprit luisant "à travers la lanterne du corps".

[49] Pellissier, *Op. cit.*, p. 125.

[50] Tels Tamizey de Larroque, Léonce Couture, Cénac-Moncaut qui
prennent la défense de Du Bartas dans des articles publiés surtout par la
Revue de Gascogne et la *Revue d'Aquitaine*.

mode grecque... C'est de sa Muse que l'on peut dire qu'en français, elle parlait grec et latin.[51]

Dès lors, si l'on s'intéresse encore à Du Bartas, ce n'est plus qu'incidemment, dans le cadre d'études historiques portant sur tel ou tel aspect particulier de la poésie de l'époque. C'est ainsi qu'Albert-Marie Schmidt, dans un chapitre de sa thèse sur *La poésie scientifique au XVIe siècle* étudie, pour le minimiser, l'apport scientifique de la poésie de Du Bartas, qu'il croit subordonné chez ce dernier à la morale et à la foi:

> Cette double subordination de la poésie à la démonstration des vérités divines et de la science à la morale, (est) désastreuse pour ce concept même de la poésie scientifique dont la culture exige faculté de synthèse, naïveté d'esprit, soumission aux faits.[52]

Malgré les nombreux passages scientifiques qui parsèment son oeuvre, jugés remarquables du reste par leur accent polémique ainsi que par un sens assez neuf de l'actualité, Albert-Marie Schmidt refuse à Du Bartas le rôle de poète scientifique, ainsi, d'ailleurs, que de poète tout court. La *Création du Monde* a pu enthousiasmer les contemporains: le critique n'y voit que la marque d'un esprit timide, "assez vulgaire, un peu mesquin", et qui témoigne moins d'un talent original que d' "une raison déformée précocement par les artifices de la rhétorique des collèges".[53]

D'un intérêt plus général que cette mise au point touchant la portée scientifique de la poésie de Du Bartas, le chapitre consacré au poète par Marcel Raymond dans sa thèse sur *L'influence de Ronsard sur la poésie française* est aussi d'une importance beaucoup plus considérable. Par-delà son propos immédiat, qui est d'estimer la dette de Du Bartas envers Ronsard, Marcel Raymond consacre en effet à l'auteur de la *Sepmaine* les pages les plus intelligentes peut-être qu'on ait écrites sur lui, et qui constituent

---

[51] Jean Plattard, *La Renaissance des lettres en France de Louis XII à Henri IV* (Paris: Armand Colin, 1925), p. 156.

[52] Albert-Marie Schmidt, *La poésie scientifique au XVIe siècle* (Paris: A. Michel, 1938), ch. V, p. 249.

[53] *Op. cit.*, p. 260.

sans doute la meilleure introduction à son oeuvre.[54] L'un des
mérites de cette étude est de placer la poésie de Du Bartas dans
le contexte de la poésie religieuse du temps, à la suite non seulement de Ronsard, mais de toute une lignée de prédécesseurs,[55]
chez qui l'on peut retrouver déjà la même coexistence du mythologique et du religieux, la même incapacité à renoncer tout à fait
aux ornements de la mythologie et aux fables. Toutefois, ce qui
en fait à nos yeux le prix, c'est surtout l'interprétation que donne
Marcel Raymond de certaines particularités stylistiques de cette
poésie, notamment de ces "traits burlesques" tant décriés par les
exégètes antérieurs, et où le critique découvre au contraire la
marque d'une imagination poétique éminemment originale. Là
où on voyait volontiers un manque de goût qui dépare l'oeuvre,
Marcel Raymond voit surtout une tendance, neuve et féconde,
à ramener au concret, au familier, au quotidien tout ce que la
poésie, avant et après Du Bartas, nous a habitués à voir traité
sur un mode héroïque ou abstrait. Reprenant l'observation de Du
Perron sur les métaphores qui "ne se doivent prendre que des
choses universelles", ou "remonter de l'espèce au genre",[56] le
critique l'enrichit d'un commentaire qui projette sur l'oeuvre de
Du Bartas la lumière la plus juste:

> Descendre du genre à l'espèce, écrit Marcel Raymond,
> c'est vouloir saisir la réalité même, du moins sa repré-
> sentation la plus immédiate et la plus concrète. L'expli-
> cation de Du Perron est bonne. Il a vu quel chemin
> parcourt toujours l'imagination de Du Bartas, qui va
> au devant des choses, et ne s'arrête qu'elle ne les ait
> touchées ou recréées en leurs particularités spécifiques.
> Sainte-Beuve, et tous les historiens qui se sont occupés
> des *Semaines*, reprochent à leurs alexandrins de passer
> brusquement de la trivialité à l'emphase et de ne ja-
> mais demeurer dans le "moyen style". Du Bartas, je crois
> bien, n'eût pas compris leurs critiques, pas plus qu'il ne

---

[54] Marcel Raymond, *L'influence de Ronsard sur la poésie française*, 2ème partie, chapitre XXVI: "La Renaissance de la poésie grave. Du Bartas".

[55] Dont Guy Le Fèvre de la Boderie et son *Encyclie des secrets de l'éternité* (1571).

[56] C'est ainsi, par exemple, que le Soleil peut être assimilé au Roi des Lumières, mais non pas au Duc des chandelles. Voir plus haut, p. 24.

dût comprendre ses contemporains qui l'accusèrent déjà d'avancer ou trop haut ou trop bas. Il faut le voir tel qu'il est, en proie à un amour immense, infatigable, pour tous les objets du monde, quels qu'ils soient, les plus bas (à notre goût) comme les plus élevés.

Toutes choses sont contenues dans la Création et sollicitent le regard de Dieu; toutes choses, en conséquence, méritent de figurer dans l'oeuvre du poète, qui a le droit, dans ses métaphores, de rapprocher les plus éloignées. Libre à lui "d'écheler les cieux" et de s'attarder, sitôt après, dans des descriptions qui nous paraissent triviales. Et sans doute, on peut blâmer Du Bartas de tout ramener à la terre, ou du moins de charger de matière les corps célestes eux-mêmes. On s'en prend alors au tour propre de son imagination, qui lui montre partout, et jusque dans l'Eden, des biens réels et saisissables.[57]

Cette forme particulière d'imagination qui s'attache au matériel, cette vision où l'univers spirituel et celui des objets se mêlent au point que semble abolie toute distance entre eux, peut-on se borner à n'y voir que maladresse et mauvais goût? La première Pléiade a donné lieu à deux groupes de disciples. Leur sensibilité mène les uns —tels Desportes, Bertaut et Du Perron— à une poésie de plus en plus abstraite, de plus en plus intellectuelle et soumise étroitement aux lois de la raison: "les signes se substituent peu à peu aux objets et le monde extérieur s'efface devant le monde intérieur des sentiments, lui-même schématisé et ordonné par une géométrie immuable".[58] D'autres, au contraire, réagissent contre cette tendance qui restreint le champ de la poésie par une tendance opposée vers le concret, l'imagé, l'excessif. Ne doit-on pas voir en Du Bartas le premier représentant peut-être de cette nouvelle lignée poétique? "Moins gréco-romain (malgré son savoir), que nul écrivain de son siècle, moins classique surtout que nul homme de la première Pléiade"[59]: c'est à partir de ces pages de Marcel Raymond que se fait jour l'idée de ne plus voir en Du Bartas un simple imitateur, loyal et maladroit, de la Pléiade, mais un poète qui décide

---

[57] Marcel Raymond, *Op. cit.*, p. 290.
[58] *Ibid.*, p. 293.
[59] Marcel Raymond, *Op. cit.*, p. 290.

de suivre, des deux courants poétiques issus de la Pléiade, celui qui ne mène pas au classicisme.

* * *

Le moins classique des disciples de la Pléiade... donc le plus baroque? Deux ans plus tard, dans un article qui proposait sur la poésie de Du Bartas une perspective nouvelle, Benedetto Croce rapprochait celle-ci de certaines oeuvres de prédicateurs baroques avec lesquelles il notait des ressemblances plus ou moins frappantes.[60] Il est vrai que si dans cet article Du Bartas se voit décerner le titre de "baroque", c'est pour se voir enlever aussitôt celui de poète. "Poeta an orator"? se demande en effet Croce, pour conclure en dernier lieu chez Du Bartas à un talent de prédicateur: "Il Du Bartas ha il suo testo, la Biblia, e, su questo testo che parafrasa e svolge e accresce e complica, espone, chiarisce e inculca le verità della religione cristiana e i sentimenti di amore e timor di Dio".[61] Tout en constatant la présence, dans son oeuvre, de multiples procédés poétiques, Croce ne les considère que comme des moyens rhétoriques ("mezzi della sua oratoria"): l'image sert uniquement à attirer et à retenir l'attention du lecteur. Et le critique de rapprocher la *Création du Monde* des commentaires de la Genèse du jésuite napolitain Giacomo Lubrano, ainsi que d'oeuvres de certains prédicateurs du Moyen Age dans l'intention de ramener la soi-disant poésie de Du Bartas à ce qu'il nomme "la predicazione barocca".

Il va sans dire que la tentative est moins que convaincante, et que ces quelques rapprochements ne suffisent pas à imposer la thèse d'un Du Bartas prédicateur plutôt que poète. Toutefois, et c'est là ce que nous retiendrons surtout de cet article de Croce, les correspondances notées par ce dernier restent suggestives dans la mesure où elles soulignent, chez les prédicateurs baroques et dans la poésie de Du Bartas, une même profusion d'images souvent semblables, dont la fonction exclusivement or-

---

[60] Benedetto Croce, "Intorno a Guglielmo du Bartas", *La Critica*, vol. XXVII, 1929.
[61] *Ibid.*, p. 310.

namentale accentue davantage encore le lien de parenté, et qui rattacherait Du Bartas au courant baroque de son temps.

C'est aussi la suggestion que semble avoir retenue (quoique ce fût pour la rejeter en fin d'analyse) Henri Weber dans sa thèse sur *La Création poétique au XVIe siècle*. A la suite de Croce, lui aussi est frappé chez Du Bartas par la surabondance de l'ornement, par le foisonnement d'images, par le mélange d'enflure et de familiarité dans le ton inégal de l'oeuvre. Lui aussi est tenté, à la faveur cette fois d'un rapprochement avec d'Aubigné, de voir dans cette oeuvre un exemple de poésie baroque. Et sans doute finit-il par reculer devant cette tentation et refuse-t-il en fin de compte de considérer Du Bartas comme un poète baroque au même titre que l'auteur des *Tragiques*. Mais les raisons qu'il invoque justifient moins son refus qu'elles ne définissent une conception particulière du baroque littéraire:

> Les mêmes caractères stylistiques, conclut-il en effet, dominés et refondus chez d'Aubigné par la violence et la fougue d'un tempérament passionné atteignent à la poésie la plus haute. Chez Du Bartas, la prolifération du détail est au contraire le résultat d'un travail systématique, quelquefois même mécanique, et ce travail a pour point de départ les principes mêmes de la poétique de la Pléiade qu'il est bien difficile de ramener au baroque.[62]

La poétique de la Pléiade et celle des baroques sont-elles aussi évidemment contradictoires que le pense le critique? N'y a-t-il pas, au contraire, dans les rapports entre ces deux poétiques un problème qui mérite d'être approfondi, et dont l'analyse risque de conduire à une prise de position plus nuancée? [63] Par ailleurs, la poésie baroque ne se distingue-t-elle pas moins par sa qualité que par les principes esthétiques de contenu et de style sur lesquels elle repose? Or, c'est le jugement en dernier lieu très sévère porté par Henri Weber sur Du Bartas qui explique le refus d'envisager son oeuvre dans l'optique baroque, le terme ayant évidemment à ses yeux une connotation favorable dont la poésie

---

[62] Henri Weber, *La Création poétique au XVIe siècle*, (Paris: Nizet, 1956), p. 555.

[63] Ces rapports entre la Pléiade et le baroque feront l'objet des quelques pages de conclusion sur lesquelles se terminera notre travail.

de Du Bartas lui paraît indigne. Il semble donc permis de contester la conclusion à laquelle aboutit l'étude : n'en retenons que le point de départ, cette découverte chez Du Bartas des "mêmes éléments stylistiques" que ceux qui font des *Tragiques* une oeuvre incontestablement baroque.

C'est du moins dans cette perspective que la critique de ces dernières années tend à considérer la poésie de Du Bartas. On peut même se demander si le renouveau d'intérêt dont elle bénéficie depuis quelque temps ne s'explique pas dans une certaine mesure par le prestige récent dont jouit la poésie baroque en général, et que ce rapprochement avec les oeuvres baroques fait rejaillir sur l'auteur de la *Création du Monde*. Il y a à peine quinze ans, dans son histoire de *La poésie française de 1560 à 1630*, M. Raymond Lebègue ne songeait pas une fois à appliquer à Du Bartas l'étiquette "baroque", malgré son intérêt connu pour la question du baroque littéraire.[64] Aucun rapprochement non plus avec les poètes baroques dans la longue et substantielle notice qui précède l'édition des oeuvres de Du Bartas par T. U. Holmes Jr. et ses collègues du département des langues romanes de l'Université de la Caroline du Nord.[65] Aujourd'hui, cependant, le nom de Du Bartas se trouve associé de plus en plus fréquemment avec celui des poètes baroques de la fin du seizième siècle. Soulignant sa vision fragmentée de l'univers, son langage aux rythmes brisés, aux jeux de mots compliqués et lourds, son vocabulaire à la fois scientifique et excessivement familier, un critique récent va jusqu'à voir en lui le plus baroque des poètes.[66]

Mais c'est Albert-Marie Schmidt, dont l'enthousiasme pour la poésie baroque a fini par s'étendre jusqu'à l'oeuvre de Du Bartas, qui représente le mieux le changement d'attitude de la critique envers une oeuvre jusque-là négligée et presque toujours incomprise. Lorsque, vingt ans après sa thèse sur *La poésie scientifique*

---

[64] *La poésie française de 1560 à 1630. Première partie. "De Ronsard à Malherbe"*. (Paris : Société d'édition d'enseignement supérieur, 1951).

[65] Cette notice, qui reprend à peu près tout ce que les travaux antérieurs ont établi sur la vie et l'oeuvre du poète, reste d'ailleurs curieusement neutre sur la valeur poétique de cette oeuvre, l'auteur se retranchant avec une modestie peut-être excessive derrière l'impossibilité présumée de porter sur elle, en tant qu'étranger, un jugement esthétique valable.

[66] J. M. Cohen, *The baroque lyric* (London : Hutchison c. 1963) ch. VI.

au seizième siècle, le critique se penche à nouveau sur une *Création du Monde* où il ne voyait auparavant que "rhétorique ampoulée", elle lui apparaît, à lui aussi, comme le prototype même de l'oeuvre baroque. Dans la création telle que la conçoit Du Bartas, le critique voit maintenant la création même de l'univers baroque, image éblouissante d'un "labyrinthe sur les marges duquel grouillent des animaux, brillent des cristaux, s'épanouissent des fleurs, vibrent de fulgurantes planètes, passent des météores sombres ou lumineux".[67] La variété, l'exubérance de cet univers ne se limitent d'ailleurs pas à la succession d'images qui défilent sous nos yeux; y contribue aussi une gamme de tons admirable dans sa diversité. "En somme", conclut le critique, "son oeuvre aujourd'hui méconnue, devrait être considérée comme une introduction obligatoire à l'étude des textes baroques français, car nul ne saurait entendre la beauté complexe de ceux-ci, s'il ignore la morphologie du monde physique où leurs auteurs ont vécu".[68]

---

[67] Albert-Marie Schmidt, "La littérature humaniste à l'époque de la Renaissance", *Encyclopédie de la Pléiade. Histoire des littératures* (Paris: Gallimard, 1958), tome III, p. 235.

[68] *Loc. cit.*

Chapitre II

LES CRITERES DE L'OEUVRE BAROQUE

"Il n'y a pas de réhabilitation à tenter pour lui", affirmait naguère Gustave Lanson, rangeant Du Bartas parmi ces "attardés", ces "égarés", dont l'oeuvre avait le tort à ses yeux de compromettre ce que le critique appelait "la tentative de classicisation" des poètes de la Pléiade.[1] Et en effet, considérée ainsi dans l'optique déformante du préjugé classique, la poésie de Du Bartas ne pouvait manquer d'apparaître comme une oeuvre "dégénérée", qui dérogeait manifestement à l'esthétique à peine naissante de l'ordre, du tact et du naturel. Mais condamner, dans un poème comme la *Création du Monde,* l'absence de tout ce qui dans les oeuvres de la Pléiade préfigure déjà le classicisme du siècle suivant, n'est-ce pas faire tort à l'oeuvre en la jugeant selon des critères qui lui sont peut-être étrangers?

La note enthousiaste sur laquelle se termine le panorama des jugements critiques sur Du Bartas apparaît à cet égard comme l'indice d'une salutaire révision des valeurs.[2] A mesure que ressurgissaient de l'oubli les oeuvres de la période de transition que bornent approximativement les années 1580 et 1620, on a pu constater chez les critiques une prise de conscience de plus en plus marquée de certaines particularités qui, tout en distinguant ces oeuvres des productions antérieures, permettent de les rat-

[1] Gustave Lanson, *Histoire de la littérature française* (Paris: Hachette, éd. 1896), p. 305.

[2] Cet enthousiasme fait écho à l'introduction tout aussi élogieuse dont Albert-Marie Schmidt avait fait précéder l'extrait de la *Création du Monde* qui figure dans son anthologie des *Poètes du XVIe siècle* (Paris: Gallimard, 1953).

tacher toutes à cette nouvelle forme d'art et de sensibilité qu'il est convenu d'appeler l'esthétique baroque. Traitée dès lors comme la manifestation d'un idéal esthétique original, qui nie plutôt qu'il n'imite le préclassicisme de la Pléiade, toute une littérature rejetée jusqu'ici comme une maladroite ébauche des chefs-d'oeuvre du dix-septième siècle se voit désormais jugée sur ses propres mérites. C'est dans ce même esprit que l'étude qui suit proposera une re-lecture de la *Création du Monde* dans une optique que la critique a certes déjà proposée sur elle, mais sans l'avoir encore appliquée à l'analyse du poème d'une manière tant soit peu suivie.

Ceci dit, l'intention de ces pages n'est pas de faire de Du Bartas, coûte que coûte, un poète baroque. Marcel Raymond faisait observer naguère que la France avait manqué le temps du grand art baroque. "Il en résulte", concluait le critique, "que les textes littéraires qui nous séduisent aujourd'hui (dans lesquels nous croyons discerner la stylistique du baroque ou la présence diffuse de son esprit), nous poursuivons presque toujours l'image de ce qui aurait pu être".[3] Depuis ces remarques, nombre de travaux n'ont eu d'autre intérêt que celui de montrer jusqu'à quel point était dérisoire tout effort se limitant à poser l'enseigne baroque sur telle oeuvre ou tel auteur. "Nous n'avons pas à nous demander", écrit à ce propos Jean Rousset dans sa plus récente étude sur la question, "si cette oeuvre est ou n'est pas baroque, nous avons à voir comment elle réagit aux critères nouvellement définis et si ces critères nous la rendent plus cohérente et plus vraie".[4] Dans la mesure où la notion du baroque reste utile, elle représente non plus une simple étiquette mais un instrument d'investigation. Aussi est-ce en tant qu'hypothèse de travail qu'elle se trouvera mise à contribution tout au long de cette étude, dans le but de permettre un nouveau regard sur une *Création du Monde* trop longtemps méconnue parce que considérée par des générations de critiques dans une perspective par trop familière.

---

[3] Marcel Raymond, "Proposition sur le baroque et la littérature française", *Revue des Sciences Humaines* (juillet-décembre 1949), p. 133.

[4] Jean Rousset, *L'Intérieur et l'extérieur* (Paris: J. Corti, 1968), p. 248.

Pour ce qui est de l'hypothèse elle-même, nous n'avons pas cru utile de viser à l'originalité. Le parti pris que révèlent à cet égard tant de monographies récentes semble loin d'avoir été favorable à la cause qu'elles se proposent de défendre. Comme le remarque Jean Rousset dans le texte auquel il vient d'être fait allusion, "ce qui reçoit trop de sens risque de n'en plus avoir aucun". Est-il besoin de chercher ailleurs la raison de la réticence avec laquelle certains milieux continuent d'accueillir tout ce qui touche de près ou de loin au baroque? Au lieu d'ajouter une définition de plus à toutes celles qu'on a proposées jusqu'ici, il nous a donc paru préférable de faire nôtres, parmi les critères qui inspireront notre recherche, ceux sur lesquels sont tombés plus ou moins d'accord les critiques qui ont contribué de la façon la plus marquante au foisonnement récent des travaux sur la question.

Non pas, bien entendu, que l'accord soit unanime sur ce qui constitue l'oeuvre baroque. Plus encore que dans le cas d'autres périodes ou mouvements littéraires, la confusion règne encore dans ce domaine où tout est loin d'avoir été éclairci.

Le baroque oppose en effet à qui s'efforce de le définir un premier obstacle: celui d'être un art qui s'ignore, qui n'a laissé derrière lui aucun manifeste, aucune proclamation d'une esthétique précise à laquelle se rattacheraient les oeuvres dont il s'agit pour nous de découvrir les constantes. Une telle situation, si elle n'est pas tout à fait sans avantages —on pense au classicisme, auquel a nui plutôt que ne l'a servi l'excès de précision dans la définition qu'il a léguée de lui-même— n'en comporte pas moins des inconvénients encore plus évidents. Quelle méthode adopter, en effet, pour définir une esthétique qui a négligé de se définir elle-même?

Devant cette absence de tout "art poétique" pouvant la mettre sur la voie, la critique s'était tout d'abord contentée d'une définition excessivement générale. A la suite d'Eugenio d'Ors, on a en effet commencé par concevoir le baroque comme un phénomène périodique, caractérisé par une tendance vers le désordre, par la primauté qu'il accorde à l'inspiration sur le travail, à l'imagination sur la raison: comme l'un des deux pôles, en somme, entre lesquels oscillent depuis toujours l'art et la littérature.

Telle est encore, dans sa *Littérature européenne et le Moyen Age latin,* la conception d'Ernst Robert Curtius, qui voit dans le baroque un épiphénomène du classicisme, qu'il suit comme une ombre et dont il corrige les excès, lorsque l'esthétique de l'ordre et de la raison finit par verser dans un classicisme décadent et académique.[5] Mais une définition aussi schématique ne pouvait longtemps suffire. Car même si l'on admet cette notion d'oscillation périodique entre l'ordre et le désordre, la maîtrise et l'exaltation, la mesure et l'excès, il n'en reste pas moins qu'à chaque époque déterminée, ce "baroquisme éternel" se renouvelle et revêt des formes particulières. A chaque retour du phénomène, celui-ci se caractérise par un ensemble de thèmes privilégiés, illustrés de motifs et animés de procédés stylistiques qui le distinguent à la fois et le rapprochent des formes que le baroque assume au cours de l'évolution cyclique de la sensibilité artistique et littéraire. Or, sous quel visage apparaît précisément la forme du baroque qui nous intéresse?

Cette physionomie du baroque littéraire, tel qu'il se manifeste à l'époque qui suit immédiatement la Renaissance, la critique a tout d'abord tenté de la définir en transposant sur le plan de l'oeuvre littéraire les célèbres catégories à l'aide desquelles Wölfflin opposait jadis l'art baroque à l'art classique. Le bienfondé de cette transposition prêtant à controverse, nous ne nous attarderons pas à chercher à notre tour dans quelle mesure les critères wölffliniens pourraient servir à une définition du baroque littéraire. Marcel Raymond, l'un des premiers à suggérer la possibilité de cette transposition, a d'ailleurs lui-même mis l'accent sur les limites d'une telle application de principes tirés d'un examen des arts figuratifs et de l'architecture, à l'oeuvre d'art verbale.[6] Depuis, la critique semble avoir abandonné comme futile tout effort ayant pour but d'annexer ces principes au domaine du baroque en littérature.

---

[5] C'est en vérité le "maniérisme" que Curtius définit ainsi, mais dans le sens qu'a pour la majorité des critiques le mot "baroque". Cf. *La Littérature européenne et le Moyen Age latin* (Paris : Presses Universitaires de France, 1956), p. 332.

[6] Marcel Raymond, *Baroque et renaissance poétique. Préalable à l'examen du baroque littéraire français* (Paris: J. Corti, 1955), p. 29 et suivantes.

Mais si, pris un à un, les critères de Wölfflin se prêtent mal à l'analyse des oeuvres littéraires, le parallèle classique-baroque n'en demeure pas moins utilisable dans la mesure où il distingue, au-delà des cinq couples de catégories, deux modes de vision et de création qui s'opposent et qui, définissant dans ses traits les plus essentiels l'attitude du créateur devant la réalité dont il tire son oeuvre, jouent aussi bien sur le plan de la littérature que sur celui de l'art. C'est ainsi qu'au mode de vision classique, que Marcel Raymond appelle "intellectuel" ou différencié, et selon lequel les objets, arrachés au réseau complexe des choses, se présentent dans l'oeuvre d'art comme distincts et isolés, l'analyse de Wölfflin permet d'opposer le mode de vision baroque, indifférencié cette fois, et moins sensible aux objets en eux-mêmes qu'aux multiples affinités des objets entre eux.

Or, de l'opposition entre ces deux façons d'appréhender le réel, deux critères se dégagent, auxquels Wölfflin n'a pas songé, mais que Marcel Raymond, et à sa suite tous ceux qui se sont intéressés à la question, posent comme fondamentaux à l'esthétique du baroque littéraire. Et d'abord celui du *mouvement*. "On ne saurait se dispenser d'adopter cette idée du mouvement comme un critère valable en littérature".[7] Alors que l'artiste ou l'écrivain classique "abstrait" de la vie des formes délimitées qu'il tend ainsi à immobiliser dans son oeuvre, l'artiste baroque, se laissant pour ainsi dire prendre par les choses, cherche au contraire à les restituer dans l'incessant mouvement qui les anime. Et l'oeuvre sera d'autant plus baroque que le mouvement sera plus véhément, plus contrasté, "qu'il manifestera, plutôt qu'une démarche libre et évasive, une sorte d'énergie élémentaire".[8] Quant à cette énergie, qui se traduit dans l'art par la violence de la couleur ou ce "mouvement qui déplace les lignes" dont parlera Baudelaire, elle se manifeste dans le langage par la recherche des formes d'expression les plus intenses, les plus "stupéfiantes" —mais aussi les plus nuancées, le dynamisme baroque s'exprimant dans tous les registres de la puissance et de la délicatesse. Ainsi, le maximum d'efficacité que l'écrivain classique cherche dans le naturel, dans la litote, dans la simplicité de l'ex-

---

[7] Marcel Raymond, *Op. cit.*, p. 41.
[8] Ibid., *loc. cit.*

pression, l'écrivain baroque croit l'atteindre en déployant, sans économiser ses moyens, toutes les ressources de ce deuxième critère de l'oeuvre baroque qu'est *l'expressivité*.

* * *

Mouvement, énergie d'une part, expressivité de l'autre : deux caractéristiques dont semblent tenir compte toutes les définitions récemment proposées du baroque littéraire. Parmi les divers moyens d'approche tentés depuis pour étoffer une notion qui, d'étude en étude, se charge d'une signification toujours plus précise, le plus fructueux peut-être a consisté à étendre le principe de transposition évoqué plus haut, et à mettre en parallèle oeuvres littéraires et oeuvres d'art contemporaines, dans l'espoir de découvrir à la faveur de telles comparaisons de nouvelles parentés de forme et de contenu qui viendraient enrichir ensuite le concept du baroque en littérature. C'est ainsi qu'étudiant *Les Tragiques* à la lumière des oeuvres du Bernin, du Tintoret et du Greco, Imbrie Buffum a pu constater entre ces diverses manifestations de l'art baroque un certain nombre d'analogies qui lui permirent de voir en elles autant de critères de l'oeuvre littéraire baroque.[9]

De ces critères, repris avec de légères modifications dans *Studies in the Baroque from Montaigne to Rotrou*, certains —tels "emphasis and exaggeration" ainsi que "mutability"— se ramènent en dernier lieu aux notions de mouvement et d'expressivité qu'ils ne font que développer ; d'autres, et en particulier ce que M. Buffum appelle "unity and acceptance of life",[10] ne semblent pas susceptibles d'être généralisés. En revanche, nous voudrions retenir les trois critères que l'auteur appelle respectivement "spectacle", "incarnation" et "paradox", et qui nous apparaissent, à nous aussi, comme autant de composantes d'une conception féconde du baroque en littérature. La recherche de l'effet théâtral, s'accompagnant d'une prédilection pour le faste et l'ornement ;

---

[9] Imbrie Buffum, *Agrippa d'Aubigné's "Les Tragiques"*, *A study of the baroque style in poetry*, (New Haven : Yale University Press, 1951).

[10] *Studies in the Baroque from Montaigne to Rotrou* (New Haven, Yale University Press, 1957), p. 53 et suivantes.

le goût du concret, de l'expression imagée faisant appel tour à tour à toutes les sensations, et versant à la limite dans une sensualité dont s'accommode avec un égal sans-gêne le lyrisme amoureux et la ferveur religieuse; la tendance, enfin, chez l'écrivain baroque à se complaire dans les situations ambigües, les sentiments paradoxaux que vient compliquer encore une ingéniosité excessive sur le plan du langage: autant de traits, en effet, qui apparentent les oeuvres littéraires de l'époque baroque aux oeuvres d'art figuratif contemporaines, tout en les distinguant nettement des oeuvres conformes à l'idéal classique de la simplicité, du naturel et de l'expression claire et directe d'idées bien conçues.

* * *

Des méthodes utilisées jusqu'ici en vue de parvenir à une définition valable du baroque littéraire, une dernière nous retiendra dont nous adopterons les conclusions: celle qui consiste à confronter des textes chronologiquement voisins, afin d'en dégager les constantes thématiques ou stylistiques dans lesquelles il soit possible ensuite de voir autant d'éléments d'une esthétique commune. Nous pensons ici surtout aux travaux de M. Jean Rousset, dont *La littérature de l'âge baroque en France* s'appuyait encore sur des parallèles avec les arts plastiques, mais dont *l'Anthologie de la poésie baroque française* souligne, mis en relief dans une introduction brève mais dense, un ensemble de thèmes et de procédés poétiques qui permettent de définir une esthétique dont on peut retrouver les éléments dans un nombre imposant d'oeuvres de l'époque baroque.

Par une subtile et savante juxtaposition de poèmes (commandée il est vrai par une hypothèse préalable, mais que l'existence de ces poèmes vient confirmer), Rousset parvient à corroborer dans la poésie des dernières années du seizième siècle, et jusqu'en 1700,[11] la hantise d'un monde inconstant, en proie à un procédé perpétuel de métamorphose et de mouvement. D'un monde illusoire aussi: illusion qu'on dénonce ou dans laquelle on se com-

---

[11] C'est en effet le "terminus ad quem" que Jean Rousset assigne à la période baroque et qu'il défend dans sa *Littérature de l'âge baroque en France* (Paris: J. Corti, 1953).

plaît, que sous-tend parfois la nostalgie de la vérité et de la permanence, ou sur laquelle on se plaît au contraire à enchérir —et que couronne le spectacle qu'on se donne volontiers de la mort, dont l'obsession vient sans cesse menacer le sentiment vacillant de l'existence.

Parallèlement à ces thèmes qui révèlent une vision originale de l'univers, les textes choisis par Jean Rousset permettent de dégager, avec plus ou moins de corrélation, des procédés caractéristiques qui les mettent en valeur. C'est ainsi que cet univers baroque, on le découvre qui s'exprime de préférence à travers certains symboles révélateurs : Protée, symbole de l'inconstance ; le paon, celui du faste ; bulles et nuages, emblèmes précaires auxquels le poète baroque assimile le monde et la vie humaine, que l'imagination tend ainsi à dévêtir de toute réalité, de toute substance en préférant, à leur vision directe, leur reflet ou leur ombre.

A cette tendance prononcée d'abolir le réel correspond aussi l'emploi fréquent de la métaphore, figure privilégiée certes de toute poésie mais tout particulièrement de la poésie baroque, sous la forme de "métaphore de déguisement" qu'elle y assume le plus souvent. Obéissant au principe déjà noté de la présentation indirecte, et laissant deviner au lieu de nommer, cet "équivalent rhétorique du masque" satisfait chez le lecteur le goût de la surprise et du mystère, tout en fournissant au poète l'occasion de mettre en oeuvre toutes les ressources de son ingéniosité.

Au demeurant, ces métaphores jouent aussi un rôle déterminant sur le plan de la structure. Dans le poème baroque, en effet, la métaphore va rarement seule. Comme le constate Rousset, elle est presque toujours multiple :

> "ce sont des chaînes, des entassements, des pyramides, ou des avalanches de métaphores, obéissant à une volonté de profusion, de gonflement, de dynamisme expressif. En procédant de la sorte, l'artiste obtient une structure ouverte, en voie de croissance sous les yeux du lecteur ; ... les images s'engendrent en chaîne, se substituent les unes aux autres, de façon à donner au poème l'aspect d'une métamorphose continue, émanant

d'une imagination incapable d'épuiser d'un seul regard un objet toujours fuyant." [12]

Par sa succession caractéristique au sein du poème, la métaphore baroque contribue donc aussi, en dernier lieu, à l'effet recherché de mouvement et d'expansion.

✳ ✳ ✳

Thèmes privilégiés, et formes qui répondent aux exigences du contenu : autant de critères que la critique contemporaine a cru pouvoir dégager de cet ensemble plus ou moins homogène qu'on désigne sous le nom de baroque littéraire. Il nous reste à préciser l'usage que, pour notre part, nous comptons faire de ces récents acquis.

Et tout d'abord, nous ne voulons pas paraître ignorer les controverses que, malgré l'attitude de moins en moins réticente des critiques, continue à susciter la notion du baroque en littérature. En particulier, nous n'ignorons pas le reproche auquel s'expose toute tentative de fonder l'existence de cette nouvelle catégorie sur la présence, dans un certain nombre de textes, de telle ou telle caractéristique soi-disant baroque. Il est clair qu'isolées et considérées en elles-mêmes, toutes ces caractéristiques, qu'elles soient d'ordre thématique ou formel, se retrouvent aussi à d'autres époques de l'histoire littéraire. Pour ne donner qu'un exemple, la "métaphore théâtrale",[13] typiquement baroque en ce qu'elle répond à la fois au goût de l'ostentation et au sentiment illusoire de la vie, se retrouve certes chez Ronsard et Shakespeare ; sous une forme particulièrement remarquable, on la rencontre aussi chez Du Bartas. Mais il s'en faut de beaucoup que le goût du spectacle et de l'illusion aient conduit le poète baroque à la découverte d'une image originale. Plus simplement, ce dernier s'est contenté de la cueillir dans le répertoire des tropes léguées par le passé [14] —répertoire assez divers et assez vaste pour qu'une sen-

---

[12] Jean Rousset, *Anthologie de la poésie baroque française* (Paris : Armand Colin, 1961), T. I., p. 23.

[13] Celle qui assimile le monde à un théâtre.

[14] Ici, dans l'antiquité latine. Cf. E. R. Curtius, *Op. cit.*, p. 170 et suivantes.

sibilité même aussi "moderne" que s'est voulue la sensibilité baroque, puisse y trouver des thèmes et des images en harmonie avec sa vision particulière. Il serait de même aisé de montrer que le spectacle de la mort, avant de fasciner l'imagination baroque, avait hanté non seulement les poètes antiques, mais encore toute la littérature du Moyen Age, avant d'assumer le caractère obsessionnel qu'il revêt dans l'oeuvre de Villon. Quant aux singularités stylistiques qui définissent le baroque, on peut les faire remonter elles aussi à l'antiquité qui, loin de manifester comme on le croit parfois un style "classique" homogène, admet tout aussi volontiers, à côté de la période élégante et pleine de Cicéron, le style haletant, morcelé et précieux de Sénèque.

Mais si tous ces éléments thématiques ou formels peuvent presque dans tous les cas se ramener à des thèmes et des formes tirés du fonds commun de la littérature, leur convergence en un ensemble cohérent et qu'on retrouve dans un grand nombre d'oeuvres conçues à un même moment de l'histoire, nous semble justifier pleinement l'hypothèse d'un baroque littéraire apparenté au baroque figuratif dont il est contemporain. En ce qui nous concerne, c'est cette esthétique baroque, et en particulier les formes de l'imagination auxquelles elle correspond, que nous nous proposons de déceler dans la *Création du Monde*.

En analysant la forme du poème, ses thèmes, la conception de la poésie qui le commande ainsi que la vision du monde qui s'en dégage, nous nous efforcerons de rattacher cette oeuvre, trop souvent considérée par rapport aux oeuvres pré-classiques de la Pléiade, au courant de la poésie baroque dont elle marquerait ainsi une des premières tentatives. Non pas que nous veuillons, par le biais d'un tel rapprochement, "réhabiliter" la longue épopée de Du Bartas. Péjoratif aux yeux des uns, trop souvent élogieux pour une certaine critique contemporaine, le mot "baroque" n'est évidemment qu'un terme descriptif, n'impliquant en lui-même aucun jugement de valeur. Gustave Lanson condamnait d'avance, nous l'avons vu, toute tentative de réhabiliter le poète. Plus près de nous, A. E. Creore, dans son article intitulé "Du Bartas: a reinterpretation",[15] ne croit pas lui non plus à la possibilité d'une "réhabilitation", au sens de redonner à son oeuvre un vaste public.

---

[15] Cité plus haut, p. 29.

Notre propos n'est ni de souscrire à ces opinions, ni de les con-
tredire. Tout au plus voudrions-nous préparer la voie à une ré-
évaluation, en replaçant la *Création du Monde* dans la perspective
qui risque le moins de la trahir.

* * *

Avant d'aborder l'oeuvre elle-même, nous devons faire face à un
dernier problème de terminologie. Venant à peine de s'imposer
comme une notion indispensable à une compréhension plus juste
et plus nuancée de la littérature du seizième et du dix-septième
siècles, le baroque a vu ses terres menacées par une nouvelle catégorie venue prendre place dans le dictionnaire de la critique
littéraire : le maniérisme. Une grande partie des oeuvres considérées jusqu'ici comme "baroques", selon les critères évoqués dans
les pages qui précèdent, se voient en effet débaptisées par certains
critiques récents, et promues au rang d'oeuvres "maniéristes". Maniériste et non baroque serait le Ronsard anti-classique mis en
lumière par Marcel Raymond dans son *Classique et Baroque dans
l'oeuvre de Ronsard*. Maniériste et non baroque aussi le D'Aubigné
des *Tragiques* étudié par Imbrie Buffum. Maniéristes, Montaigne
et Sponde —tous ceux enfin qu'avec un zèle parfois excessif on a
rangé dernièrement parmi les écrivains et les poètes baroques.

Qui plus est, ce n'est pas seulement en ce qui concerne le seizième siècle que le maniérisme menace d'envahir le domaine à
peine conquis du baroque. Selon ceux des critiques qui affichent
sur la question les vues les plus extrêmes, le terme devrait s'appliquer non seulement à la période "pré-baroque" des dernières
années du siècle, mais aussi à ce que les historiens français appellent le "plein baroque". Quant au terme "baroque", selon ces
mêmes critiques, son usage devrait être réservé exclusivement,
pour ce qui est de la France, à ce dernier retranchement du classicisme traqué que constitue la période 1660-1685. Ainsi pour
H. Hatzfeld comme pour E. B. O. Borgerhoff, entre autres, toute
la littérature française jusqu'à Racine serait maniériste, c'est-à-dire
une littérature de transition entre les deux grandes périodes stylistiques que sont la Renaissance et le Baroque.[16]

---

[16] Helmut Hatzfeld, "The *baroque* from the viewpoint of the literary
historian", *Journal of Aesthetics and Art Criticism*, December 1955, p. 157.

Devant les progrès incontestables de cette nouvelle catégorie,[17] est-il légitime de continuer à appeler "baroque" l'esthétique que nous venons de résumer et à laquelle nous allons confronter la *Création du Monde*? Devrait-on parler plutôt d'esthétique "maniériste" —ou s'agirait-il tout simplement d'une querelle de mots?

La plupart des définitions proposées jusqu'ici du maniérisme littéraire tendraient à le faire croire. Pour E. R. Curtius, nous l'avons vu, le maniérisme se définissait comme une réaction périodique à toute littérature qui se veut classique. C'est également par son opposition au classicisme que Borgerhoff définit le maniérisme comme une tendance vers *l'expressivité* et la distorsion extrême du réel, en contraste avec la tendance vers *l'imitation* fidèle de la tradition classique. On voit mal, d'après de telles définitions, la nécessité d'introduire dans un débat aussi complexe un terme nouveau qui nous paraît faire double emploi avec la notion du baroque qu'il est censé remplacer.

D'autres théoriciens proposent, il est vrai, une définition mieux venue, en concevant le maniérisme comme une esthétique de transition. Alors que le baroque se serait affranchi des formes classiques (ou plutôt, en France, des tendances classiques de la Renaissance), le maniérisme aurait encore gardé avec le classicisme des liens évidents. Imitant tout en les déformant les modèles classiques, le maniérisme aurait remplacé l'harmonie et le naturel par une vision plus subjective et plus suggestive à la fois: "Mannerism canvasses the elements of a fixed traditional pattern, unexpectedly combines them to achieve effects of dissonance, dislocation, and surprise, and illuminates the reader's mind, enabling him to consider the whole traditional pattern of their

---

E. O. B. Borgerhoff, "*Mannerism* and *Baroque*: a simple plea", *Comparative Literature*, Fall 1953, pp. 323-331.

[17] Marcel Raymond, par exemple, concède que les tendances "baroques" qu'il avait notées chez Ronsard seraient plus justement appelées "maniéristes". Cf. "Le baroque littéraire français (état de la question)", *Studi Francesi*, gennioaprile, 1961, p. 29. Cette prise de position trouve ses prolongements les plus récents dans un essai intitulé "Aux frontières du maniérisme et du baroque" (*Etre et dire*, Neuchatel: Editions de la Braconnière, 1970) ainsi que dans les dernières pages de l'introduction à *La Poésie française et le maniérisme* (Genève: Droz, 1971). Il est intéressant de constater que trois extraits de la *Création du Monde* figurent parmi les textes groupés dans cette anthologie.

relationship".[18] Il s'agirait en somme d'un premier baroque, dont la fonction aurait été de briser l'harmonie classique, et de la remplacer par un art tourmenté qui satisfasse au désir de modernité d'une sensibilité certes nouvelle, mais colorée encore par un passé dont elle ne s'est qu'imparfaitement dégagée. Entre les oeuvres maniéristes et celles du plein baroque, ne s'observerait qu'une différence dans le degré d'émancipation par rapport à la tradition classique, cette émancipation s'amorçant à l'époque du maniérisme pour atteindre son apogée dans le cadre de l'oeuvre baroque.

Certains critiques, par ailleurs, soulignent entre baroque et maniérisme une différence plus fondamentale encore dans la mesure où elle se situe au niveau même du style. Alors que le maniérisme serait fermé, sinueux, indirect, le baroque apparaît à certains comme un art ouvert et généreux: "Il est le contraire de l'hermétisme, de la concision, tout aussi bien que de la dissolution maniériste".[19] On retrouve cette même opposition sous la plume de Marcel Raymond, lorsque celui-ci voit dans le baroque abondance et luxuriance, dans le maniérisme resserrement et abstraction.[20] Sur le plan idéologique, enfin, le maniérisme serait l'expression d'un déchirement spirituel entre les sollicitations du monde et l'appel du divin. Ainsi conçu, l'art maniériste se définirait essentiellement comme "la manifestation tragique d'un amour malheureux de Dieu".[21] Dans un sens assez semblable, Helmut Hatzfeld croit découvrir "an irreconcilable dichotomy in mannerism and a resolved tension in the baroque":[22] le déchirement serait atténué chez l'artiste baroque jusqu'à la maîtrise d'un équilibre plus ou moins stable, contrastant avec les tensions et les ruptures de l'oeuvre maniériste.

Que conclure de ce débat à peine engagé? De l'aveu même d'un des plus récents critiques qui se soient penchés sur le problème du maniérisme, toutes les discussions auxquelles celui-ci a

---

[18] Roy Daniells, *Milton, Mannerism and Baroque* (University of Toronto Press, 1963), p. 11.

[19] Jacques Legrand, "Le Maniérisme européen", dans *Critique*, No. 152, Janvier 1960, p. 41.

[20] Marcel Raymond, *Op. cit.*, p. 31.

[21] Hocke, cité par Jacques Legrand, *loc. cit.*

[22] Helmut Hatzfeld, c. r. de *Studies in the Baroque from Montaigne to Rotrou*, dans *Modern Language Notes*, vol. 72, 1957, p. 630.

donné lieu jusqu'ici demeurent hypothétiques : "Literary Mannerism has not yet received enough critical attention to permit anything but tentative conclusions".[23] Quoi qu'il en soit, une observation essentielle se dégage selon nous de tout ce qui précède, dans la mesure où elle impose à la notion du maniérisme la définition strictement limitée qui semble bien être la sienne. Se présentant surtout comme une vision subjective du réel, défiant les lois de la proportion, recherchant l'irrégulier, les discontinuités et les distorsions brutales, le maniérisme nous apparaît en effet, malgré les tentatives de ceux qui voudraient lui prêter aussi un contexte idéologique précis, comme un simple système de figures, plutôt qu'une esthétique proprement dite. Loin de désigner une période littéraire déterminée, il se réduirait tout au plus à une constante stylistique susceptible de se manifester dans le cadre de périodes les plus diverses, et notamment dans le baroque, dont il ne serait qu'une des composantes.

Il est vrai qu'une telle interprétation ne tient pas compte de tout ce qui, dans le maniérisme, s'oppose précisément au baroque. On peut en effet penser que la notion d'un maniérisme conçu comme une période littéraire indépendante est d'une certaine utilité, en ce qu'elle absorbe en elle-même certains éléments inassimilables par le baroque, auquel elle confère ainsi une cohérence dont il était dépourvu. Mais une telle cohérence est-elle vraiment souhaitable? Faut-il à tout prix donner à un concept recouvrant tout un ensemble d'oeuvres qui s'échelonnent sur une période somme toute assez longue, une définition aussi étroite dans sa précision? Entre un style haletant et resserré d'une part, et "floride" de l'autre, existe bel et bien une différence considérable, justifiant, à première vue du moins, une classification qui fait du maniérisme une étape distincte dans l'évolution de l'esthétique littéraire. Mais pourquoi vouloir limiter le baroque à l'un ou l'autre de ces deux styles? Pourquoi ne pas les accueillir tous deux, en vertu du dénominateur commun qui les distingue, et qui est, d'une part comme de l'autre, une même tendance à rompre avec l'idéal de simplicité, d'harmonie, de naturel et de mesure? De même, sur le plan idéologique, pourquoi s'acharner à voir dans le

---

[23] Roy Daniells, *Op. cit.*, p. 7.

baroque la conquête d'un équilibre spirituel sur une soi-disant "dichotomie" maniériste? Ne suffit-il pas de constater, dans les oeuvres de la période qui va de la Renaissance jusqu'au classicisme, un double héritage de la Renaissance: la prise de conscience de deux perspectives possibles sur la vie, l'une centrée sur Dieu, l'autre sur l'homme, —ainsi qu'une prise de position qui consiste tantôt en un choix exclusif de l'une ou l'autre de ces deux perspectives, tantôt en une tentative plus ou moins heureuse de conciliation?

Autrement dit, il nous semble futile de vouloir faire du baroque un style, un esprit, une sensibilité en tous points cohérents. Plutôt qu'une esthétique figée, réduite à un répertoire de figures, d'idées et d'images définies une fois pour toutes, nous préférons voir dans le baroque une période littéraire plus complexe, se nuançant et s'enrichissant au gré du temps et de tempéraments divers, au cours d'une longue évolution allant du soi-disant maniérisme pour aboutir à ce "baroque dompté" qu'est, selon la célèbre formule de Spitzer, le classicisme qui lui succède. Pour reprendre quelques expressions de Jean Rousset, dont la conception s'apparente d'ailleurs à celle que nous proposons ici, il s'agirait d'un baroque qui non seulement admet, aux côtés d'une "inconstance blanche", une "inconstance noire", mais qui n'hésite pas même à opposer parfois à toutes deux "la lumière de la permanence".[24]

On pourra objecter qu'une telle définition n'est pas assez sensible aux éléments disparates ainsi rangés sous un même vocable. Et en effet elle ne tient peut-être pas assez compte des multiples nuances sur lesquelles se fondent certains historiens pour décomposer en catégories de plus en plus précises la notion selon eux trop globale du baroque. Mais ces catégories —poésie métaphysique, préciosité, maniérisme— ne se justifient en dernier lieu que par l'usage auquel elles sont destinées. On ne peut nier que les distinctions établies récemment aient eu le mérite de souligner par-

---

[24] Les deux premiers termes désignent respectivement, dans le tome I de *l'Anthologie* de Rousset, l'attitude du poète baroque qui se complaît dans le sentiment de l'éphémère, et de celui chez qui ce sentiment s'accompagne au contraire d'une inquiétude métaphysique marquée. Le troisième terme, illustré au tome II de la même anthologie, se rapporte au sentiment de la permanence divine prenant le pas sus la hantise de l'inconstance de l'univers temporel.

fois des différences importantes entre des oeuvres ou des auteurs
que l'enthousiasme des baroquistes avait hâtivement rapprochés.[25]
Pour nous, cependant, il s'agit moins de définir et de distinguer
avec un maximum de précision les diverses formes du préclassicisme, que de les grouper au contraire, et de montrer par-delà
un ensemble d'oeuvres à la fois diverses et semblables, l'esthétique
générale qui les régit. C'est pourquoi, écartant l'hypothèse d'un
maniérisme antérieur au baroque, nous avons opté pour une notion
du baroque fondée sur son opposition, dans ses grandes lignes, aux
tendances classiques dont il naît, et qu'au terme de son évolution
il finit par rejoindre.

---

[25] Nous pensons notamment au livre de Mme Odette de Mourgues,
Metaphysical, Baroque and Précieux Poetry (Oxford, Clarendon Press, 1953).

CHAPITRE III

LA *CREATION DU MONDE*: CONCEPTION
GENERALE DE L'OEUVRE

Une poésie "engagée"

Parmi les points de divergence qui séparent le poète baroque du poète classicisant de la Renaissance, l'un des plus marquants concerne les buts mêmes que chacun d'eux poursuit dans l'exercice de son art. A ses débuts surtout, la poésie baroque partage avec les arts figuratifs de l'époque un dédain prononcé pour l'esthétisme gratuit. Tout en se réfugiant parfois dans la fantaisie la moins "engagée" avec Saint-Amant ou Tristan, elle est le plus souvent —l'oeuvre d'un Crashaw ou d'un d'Aubigné en témoigne— au service de valeurs qui la dépassent. Etrangère à toute notion de l'art pour l'art, elle semble exalter avant tout, avec la passion qui la caractérise, l'idéologie politique ou religieuse à laquelle la subordonne l'intention du poète.

Ce faisant, la poésie baroque s'oriente, par rapport à l'idéal de la Pléiade qui la précède, sur une voie fondamentalement opposée. Dans la mesure où ils esquissent les grandes lignes d'une poétique générale, les préceptes de la *Deffense et Illustration* s'attachent principalement à définir un style, un language dont la seule fonction fût de faire naître à son contact le plaisir esthétique le plus raffiné. La poésie, valeur suprême dans l'optique de la Pléiade, ne saurait avoir d'autre fin qu'elle-même, et l'effort concerté que Du Bellay exige du poète, il le conçoit comme visant uniquement à la perfection formelle de cet art auquel il estime urgent de redonner son ancien prestige.

Un tel parti pris peut paraître inattendu dans le cadre d'une poétique qui repose par ailleurs sur une conception platonicienne de l'inspiration. Assimilant le don poétique à une "fureur divine", les poètes de la Pléiade sembleraient assigner à la poésie, par-delà la recherche de sa propre perfection, une valeur de connaissance mystique. En fait, cependant, ni Du Bellay, ni Ronsard ne semblent avoir en vue aucune prétention de ce genre. S'ils ont recours, pour rendre compte du génie poétique, aux théories que Platon expose dans l'*Ion* ou le *Phèdre*, c'est surtout, nous semble-t-il, afin de distinguer d'une façon saisissante inspiration poétique et simple travail de versification : la poésie est un don avant d'être une discipline. De plus, ce recours à Platon permet au poète soucieux de revaloriser son art, de réorienter la poésie vers un domaine enfin digne d'elle : d'origine divine, la poésie ne saurait dorénavant se complaire, comme elle l'avait fait jusqu'alors en France, dans le domaine du trivial. C'est ainsi qu'il arrivera à Du Bellay, dans son désir d'élever la poésie à sa dignité primitive, de voir dans les inventions des poètes autant de vérités divines inspirées per les Muses. Mais la poésie, bien qu'elle s'apparente souvent à une révélation de vérités plus hautes, n'est jamais considérée comme un simple véhicule de ces vérités. Sa vraie fin est ailleurs. Plutôt qu'à la connaissance, elle vise à l'émotion. L'érudition, le travail sont nécessaires au poète ; mais les longues veilles qui seules lui assureront le privilège de "voler par les mains et bouches des hommes", tendent moins à l'accumulation et à la diffusion subséquente d'un savoir encyclopédique, qu'au perfectionnement de l'outil qui permettra au poète d'atteindre le but le plus élevé que se propose la nouvelle poésie, et qui est avant tout de susciter une *émotion* poétique. Rien n'est plus révélateur à cet égard que les lignes où s'exprime, dans les dernières pages de la *Deffense et Illustration*, l'idéal poétique de la future Pléiade :

> Pour conclure ce propos, sçache, lecteur, que celui sera veritablement le poëte que je cerche en nostre langue qui me fera indigner, appaiser, ejouir, douloir, aimer, haïr, admirer, estonner : bref qui tiendra la bride de mes affections, me tournant ça et là à son plaisir.[1]

---

[1] Du Bellay, *Deffense et Ilustration de la langue française*, éd. Chamard, p. 314.

Entre cette poésie dont la pierre de touche est l'intensité ainsi que la qualité de l'émotion qu'elle engendre, et la poésie baroque, soucieuse avant tout de la portée didactique de son contenu, la poésie telle que la conçoit Du Bartas forme une curieuse transition. A en juger par ce véritable "art poétique" qu'est son *Uranie*,[2] c'est en fidèle disciple de la Pléiade que Du Bartas commence par envisager la nature de l'inspiration poétique. Ainsi, pour lui comme pour Ronsard,[3] celle-ci est d'origine divine. Le don de poésie est "un pur don céleste" (v. 22), et c'est en proie à une "divine fureur" que le poète illuminé accède à ce "plus haut ciel" où il puisera le meilleur de son inspiration. Mais là s'arrête le rapprochement. Car pour conscients qu'ils soient des origines religieuses de leur art, les poètes de la Pléiade n'hésitent pas, en pratique, à l'employer à des fins souvent toutes profanes. Conçue dans le but de célébrer les mystères sacrés, leur poésie semble avoir été détournée de sa fonction légitime. Fadeurs amoureuses et hypocrisie courtisane ont remplacé les hymnes à la Divinité des premiers poètes, et c'est contre cette trahison que tonnent avec véhémence les premiers quatrains de l'*Uranie* :

> Serez-vous tant ingrats que de rendre vos plumes
> Ministres de la chair et serves du péché?
>
> (v. 69-70)

Le plus urgent est donc de restituer à la poésie son caractère initial d'incantation religieuse.

Non pas que Du Bartas n'ait commencé, lui aussi, par se laisser prendre au piège de la poésie profane. Quelques vers de l'*Uranie* —plus précisément, les dix-sept quatrains sur lesquels s'ouvre l'édition de 1579— nous renseignent sur ses premières velléités poétiques, réalisées en poèmes subséquemment perdus, ou demeurées peut-être à l'état de vagues projets.[4] Ayant ressenti dans son jeune âge un brûlant désir de gloire littéraire, le poète nous apparaît dans ces vers comme oscillant entre les diverses possibilités qui s'offrent à lui, s'interrogeant dans l'angoisse sur

---

[2] *The Works of Du Bartas*, tome II, pp. 172-185.

[3] Cf. notamment l'*Abbrégé d'art poétique* (1567).

[4] Ces vers sont absents de la première édition.

la voie à suivre. Le théâtre le tente, puis la poésie épique à la manière de *La Franciade*; la poésie courtisane aussi, s'il faut l'en croire; enfin, la poésie amoureuse, et la tentation de

> chanter le fils volage
> De la molle Cypris, et le mal dous-amer
> Que les plus beaux esprits souffrent pour trop aimer.
>
> (v. 25a-27a)

Mais alors qu'il hésite ainsi au "fourchu carrefour" des divers genres poétiques, apparaît et tranche le débat la Muse même de la poésie. Pour des raisons symboliques évidentes, cette dernière n'est autre qu'Uranie. Muse de l'astronomie —et donc du Ciel— n'est-elle pas toute désignée pour rappeler au poète les sources sacrées de l'art qu'elle incarne, et l'engager sur la voie royale de la poésie religieuse? Pénétré du sens exalté de sa future mission, Du Bartas se contentera, dans le reste de son poème, de réaffirmer sa notion d'une poésie qui ne trouve sa justification la plus haute qu'au service des vérités révélées.

Désormais, ce principe fondamental de l'esthétique de Du Bartas déterminera les grands traits de son oeuvre à venir. Mis à part quelques médiocres poèmes de circonstance, l'ensemble de sa poésie s'inscrira en effet dans le cadre d'une littérature d'inspiration biblique. Il est vrai qu'un poème comme *La Judit*, bien que son sujet soit emprunté à la Bible, s'expliquera moins par le sentiment religieux du poète que par le prestige dont jouit à ses yeux l'épopée classique qu'il voudra imiter. "Je n'ay pas tant suivi l'ordre ou la frase du texte de la Bible", avouera-t-il à ce propos dans une préface,

> comme j'ay taché (sans toutefois m'esloigner de la vérité de l'histoire) d'imiter Homere en son *Iliade*, Vergile en son *Aeneide*, l'Arioste en son *Roland*, et autres qui nous ont laissé des ouvrages de semblable estoffe.[5]

En outre, il est impossible de ne pas remarquer la tension si caractéristique, même dans les oeuvres d'inspiration religieuse, entre les aspirations chrétiennes et les tendances païennes du

---

[5] *The Works of Du Bartas*, tome II, p. 3.

poète. Mais il n'en reste pas moins que le plus gros de sa production poétique —Le Triomfe de la Foi, l'Uranie, la Création ainsi que les fragments existants de l'Enfance du Monde— sera essentiellement une profession de foi inlassablement réitérée, une vulgarisation passionnée des enseignements de la Bible.

Didactisme et poésie

Assimiler ainsi la poésie à un instrument de propagande religieuse, c'était témoigner éloquemment de son adhésion à une esthétique "engagée" où se rejoignent la majorité des peintres, des sculpteurs ainsi que des poètes baroques de l'époque. Mais n'était-ce pas aussi s'exposer au danger de sacrifier l'art au message qu'il renferme? Prédicateur plutôt que poète, disait de lui Benedetto Croce,[6] soulignant déjà tout ce qui dans son oeuvre s'apparente davantage à la morale religieuse qu'à la pure poésie. Et il faut convenir qu'à cet égard une oeuvre comme la Création du Monde frôle sans cesse les écueils d'un didactisme qu'elle ne parvient pas toujours à éviter. Trop souvent le mouvement lyrique du poème se trouve entravé par d'irritantes digressions au cours desquelles le poète prend à parti des adversaires imaginaires, réfute des théories hérétiques, justifie les siennes par des arguments fastidieux. Il n'hésite pas à discuter tel ou tel système philosophique, à l'adopter même, lorsque —telle la théorie platonicienne du ciel— ce système peut se concilier avec l'interprétation biblique. De plus, Du Bartas perd trop rarement de vue son rôle de moralisateur. Qu'il s'indigne contre les bassesses des poètes courtisans (II, 3-10 entre autres), qu'il fustige ses concitoyens

dont les dextres mutines
Sanglantent leurs couteaux dans leurs propres poitrines
(VI, 73-74) [7]

ou qu'il analyse avec un zèle excessivement minutieux les moindres nuances de la parole divine, sa mission de critique et

---

[6] Vide supra, p. 34.

[7] Dans ce qui suit, les références sans titre renvoient toutes à la Création du Monde (The Works of Du Bartas, tome II, pp. 193-440). Le chiffre romain renvoie à l'un ou l'autre des sept "jours" de cette Première sepmaine.

de guide l'emporte toujours, semblerait-il, sur sa fonction de poète proprement dit. C'est d'ailleurs ce que suggère aussi le *Brief Advertissement sur sa premiere et seconde Sepmaine*, où Du Bartas s'explique sur l'importance relative qu'il accorde à l'inspiration poétique et à la portée morale de son oeuvre. Si celle-ci reste en dernier lieu une oeuvre d'art, si le poète n'a pas dédaigné d'enrober son message du "miel" et du "sucre des lettres humaines", ce n'est, assure-t-il son lecteur, que "pour faire mieus avaler les salutaires breuvages que la saincte Parole présente aus esprits malades et fastidieus de ce tems".[8]

Un didactisme religieux aussi prononcé ne laisse pas d'inquiéter sur la valeur proprement littéraire de l'oeuvre qu'il colore. En assignant à la part de poésie une fonction tout au plus décorative, Du Bartas ne semble-t-il pas en effet reléguer à un plan tout à fait secondaire les éléments purement esthétiques de sa *Création du Monde*? Ce miel et ce sucre des lettres humaines, ces "plus exquis joyaux" butinés sur "toutes sciences et professions"[9] et qui constituent à ses yeux les ornements poétiques de son oeuvre, se situent, de l'aveu même du poète, en marge de l'oeuvre elle-même. Ne figureraient-ils pas dans le poème uniquement pour rehausser de leur éclat un fond tout prosaïque de théologie rimée?

On pourrait le penser, et l'auteur lui-même, nous l'avons vu, n'est pas loin de concevoir la part essentielle de son poème comme la simple mise en vers d'un sermon théologal. Or, —et c'est là une première surprise que réserve au lecteur la *Création du Monde*—, le poème de Du Bartas échappe, ne fût-ce qu'*in extremis*, aux divers pièges de la poésie de propagande religieuse.

Et tout d'abord au piège de l'argumentation. Car à l'encontre de tant d'oeuvres en apparence semblables, et malgré les intentions explicites du poète, le poème de Du Bartas n'est discursif qu'incidemment. En face des mystères divins, la tentation de prouver et de persuader finit par céder à celle —plus profonde— d'exalter et de rendre hommage. Arme au service de Dieu, sa poésie reste un moyen en vue d'une fin qui la dépasse, mais cette fin est moins la défense et la propagation du message

---

[8] *The Works of Du Bartas*, tome I, p. 220.
[9] *Ibid.*, p. 221.

biblique qu'une louange exaltée du Créateur. Adorer plutôt qu'"es-
plucher", telle est en définitive, dans les termes mêmes de Du Bartas, l'attitude essentielle du poète devant le miracle de la Genèse. Menacées d'incompatibilité au départ, poésie et religion
se trouvent ainsi conciliées dans un élan de ferveur, d'admiration
et de gratitude qui favorise plutôt qu'il n'entrave le jaillissement
du lyrisme.

Mais la *Création du Monde* ne rejoint pas la poésie uniquement par l'émotion. Elle la rejoint aussi, et avant tout, par l'image.
Au sentiment, qui vient animer et transformer le contenu philo-
sophico-religieux du poème, s'ajoute en effet le regard. Ce qui
aurait pu n'être que discours est devenu chant; ce qui aurait
pu n'être qu'un hommage abstrait au Créateur, devient —grâce
à la conception de Dieu qui sous-tend le poème— un album
d'images, le répertoire de toutes les formes sensibles de la
Création.

Pour Du Bartas, en effet, l'hommage au Créateur ne peut être
que l'exaltation de la création tout entière. Car Dieu lui-même
est inaccessible à l'homme. Tel l'oeil qu'éblouit la vision directe
du soleil, l'esprit humain se dérobe fatalement devant la perfection qu'implique l'idée abstraite de Dieu. Seule est possible une
vision indirecte, reflétée dans ce "miroir de la face divine" qu'est
l'univers :

> Il me plaist de voir Dieu, mais comme revestu
> Du manteau de ce Tout tesmoin de sa vertu.
> Car si les raiz aigus, que le clair soleil darde,
> Eblouissent celuy qui, constant, les regarde,
> Qui pourra soustenir sur les cieux les plus clers
> Du visage de Dieu les foudroyans esclers?
> Qui le pourra trouver séparé de l'ouvrage
> Qui porte sur le front peinte au vif son image?
>
> (I, v. 121-128)

Insaisissable "es lourds sens des humains", le Créateur ne se
révèle à l'homme que par l'intermédiaire de sa Création. Comment, dans ces conditions, chanter Dieu, sinon en chantant la
Création elle-même? Dépassant ainsi le plan d'une spiritualité
hostile jusqu'à la Renaissance à l'univers des êtres et des choses,
le poème de Du Bartas accueillera au contraire cet univers avec

un enthousiasme qui définit une forme nouvelle de sensibilité religieuse. Ouverte à la fois à Dieu et au monde, celle-ci permettra au poète baroque dont Du Bartas est ici un représentant éminemment caractéristique, de concilier les deux tendances essentielles de son imagination : celle qui le porte à envisager la réalité dans une perspective volontiers religieuse, et celle qui le pousse par ailleurs vers le monde enfin redécouvert des couleurs et des formes. "Pour mieux contempler Dieu, contempler l'univers" (I, v. 178) : ce vers qui résume à lui seul la démarche fondamentale du poète de la *Création du Monde,* définit par là même la démarche de l'imagination baroque oscillant sans cesse entre le visible et l'invisible, le concret et l'abstrait, le contingent et le nécessaire —et visant dans l'art à une réconciliation entre l'univers sensible et le divin. Sur le plan de la poésie, qui nous intéresse avant tout, la tentative nous semble aboutir à une conception originale de la poésie religieuse, où le dessein du croyant rejoint enfin celui du poète, dans le regard ébloui que pose l'homme sur le spectacle de la Création.

Plan de la Création du Monde

Fondée sur une métaphysique où tout est signe de la présence de Dieu, la tentative poétique de Du Bartas aboutit à la conception d'une poésie dont le domaine est littéralement illimité. Tout manifeste Dieu, tout peut servir à Sa gloire, tout est donc susceptible d'être poétisé : la nature aussi bien que l'homme, et que les ressources de l'esprit humain.

Incarnation d'une poésie ainsi conçue, il n'est pas surprenant que la *Création du Monde* se rattache aussi à l'esthétique baroque par le foisonnement de thèmes et d'images qui la caractérisent. Dans la mesure où il est essentiellement une mise en vers des premiers versets de la Genèse, le poème possède sans doute, dans son ensemble, une certaine netteté de structure que lui confère le modèle dont il respecte le dessin général. Mais cette netteté est sans cesse compromise par la chaîne de digressions qu'appelle chaque verset, et qui donne à l'oeuvre sa déconcertante allure serpentine. Avant d'en tenter une analyse détaillée, il n'est peut-être pas inutile d'en fixer tout d'abord les grandes lignes. Fil d'Ariane dans le labyrinthe du poème, le schéma qui suit témoignera en même temps des innombrables dédales qui le composent.

CRÉATION DU MONDE *ou* PREMIÈRE SEPMAINE

Le premier jour (766 vers)

> Invocation à Dieu.
>
> Dieu avant la Création; le primat de la Foi sur la Raison en face des mystères divins.
>
> L'Univers créé à l'image de Dieu. "Lecture" de l'univers.
>
> Le monde créé *ex nihilo*.
>
> Création de la matière, animée ensuite du souffle de Dieu.
>
> Réfutation de la théorie de la pluralité des mondes.
>
> Réfutation de la conception d'un univers permanent.
>
> Préfiguration du Jugement dernier; de la vanité des prognostications relatives à la date exacte de la fin du monde.
>
> Création de la lumière. Ses origines possibles. Hymne de la Lumière.
>
> Hymne de la Nuit.
>
> Création de "l'exercite des cieux": les anges et les démons; les pièges de Satan et les exploits des anges.

Le second jour (1160 vers)

> Diatribe contre les poètes de cour, et l'influence néfaste de la poésie amoureuse.
>
> Invocation à Dieu.
>
> Création des éléments. Divers phénomènes de physique et de physiologie. Les métamorphoses de la matière. Les rapports des éléments entre eux. La chaîne du Tout: au centre, la terre et le feu; entre ces deux éléments ennemis, l'eau et l'air.

Météorologie: Formation de la rosée, des nuages, de la pluie, de la neige, de la grêle, du vent. Les comètes, le tonnerre, les éclairs, l'arc-en-ciel. Contre les tentatives d'explication scientifique des phénomènes.

Contre la théorie de Copernic sur la position du feu entre l'air et l'eau.

Description du ciel; les diverses hypothèses relatives à sa composition. Hymne du Ciel.

Primat de la Foi sur la Raison en matière de cosmologie.

Préfiguration du Déluge, comparé dans les derniers vers aux guerres de religion.

Le troisiesme jour (992 vers)

Invocation à Dieu.

Le retrait des eaux. Formation des mers, des fleuves. Les marées. Diverses légendes se rapportant à des ondes miraculeuses.

La mer et la terre à mi-chemin sur l'axe de l'univers.

L'observation et l'expérience montrent que la terre est ronde.

La terre, un point minuscule dans l'univers. Procès des ambitions matérielles.

La terre se charge d'un "verd accoustrement": les arbres, les fruits, les épices, les fleurs. Long développement sur les vertus des plantes médicinales; les merveilles de la noix de coco.

Les métaux; l'"eymant".

Hymne de la Terre.

Les plaisirs de la vie champêtre: "l'heur du bien-aisé rustique".

Le quatriesme jour (788 vers)

Invocation à Dieu et aux Muses.

Dessein du poète:

> ... rendre à tous notoire
> Par ses puissans effects du Tout-puissant la gloire
>
> (IV, v. 34)

Après avoir tendu autour de la terre "la courtine du monde", Dieu l'orne d'étoiles. Origine des astres. Réfutation de la théorie de Lucrèce qui les assimile aux animaux. Réfutation de la théorie de Copernic sur la gravitation de la terre autour du soleil. La métaphore du paon. Le zodiaque. Les constellations. Le mouvement des sphères. Les planètes. L'astrologie. Hymne du Soleil. Hymne de la Lune.

L'éclipse solaire lors de la Crucifixion. Divers miracles se rapportant au temps.

Le cinquiesme jour (1018 vers)

Invocation à la lune et au soleil, à la constellation Pisces... et à Dieu.

Création de l'univers aquatique: un reflet de l'univers terrestre; diversité et monstruosités. Moeurs des poissons. La légende d'Arion.

Création des oiseaux. Le phoenix. Le chant du rossignol. Catalogue d'oiseaux: "le hybou citoyen des solitaires tours"; "la canne au large bec qui siffle de son aile", etc.... Le pélican; son sacrifice amène l'évocation d'autres dévouements paternels: celui du "lyon", de la "matine", du "chien marin", de la poule, du moineau...

Les insectes.

L'aigle; la légende de l'aigle et de la vierge.

Le sixiesme jour (1054 vers)

Exhortation aux "pélerins" qui passent "par la cité du monde" à découvrir avec le poète les beautés de la Création.

Invocation à Dieu.

Création des animaux. Le combat de l'éléphant et du "rhinocerot".

Catalogue d'animaux, caractérisés par une épithète ou une courte observation sur leurs moeurs. Androclès et le lion.

Création de l'homme. Anatomie et physiologie: les diverses parties du corps et leurs fonctions.

L'âme.

Les arts et autres inventions humaines. Glorification de l'homme.

Eve: glorification de la femme et du mariage.

Procréation; quelques exemples insolites ou monstrueux.

Le septiesme jour (716 vers)

Tel un peintre devant son tableau, Dieu, au septième jour, admire son oeuvre.

Résumé de la Création.

Réfutation de la notion épicurienne d'un Dieu impassible, dont le rôle dans la Création se bornerait à celui de spectateur.

Profession de foi en un Dieu omniscient et omnipotent.

Apologie de certaines injustices apparentes dont l'homme aurait souffert aux mains d'un Dieu cruel.

Le Sabat.

Apostrophe au lecteur: exhortation à "déchiffrer" l'univers, à découvrir dans les moindres manifestations de la réalité le secret de la sagesse et de la vertu:

> Car depuis les cloux d'or du viste firmament
> Jusqu'au centre profond du plus bas element,
> Chose tu ne verras, tant petite soit-elle,
> Qui n'enseigne aux plus lourds quelque leçon
> nouvelle.
> (VI, 445-448)

La dernière, et la plus grande merveille de la Création: le corps humain, et sa leçon de concorde et d'harmonie. La Création du Monde se termine ainsi sur une note pacifique: exhortation à la paix sociale, et expression de la paix intérieure qu'apporte au poète la conscience d'avoir mené à bon terme son entreprise poétique.

"Une nouvelle et bizarre methode"

Dans quel moule couler une matière aussi hétérogène? Quelle forme poétique adopter, pour retracer dans une perspective biblique la Genèse du monde, pour chanter son émerveillement devant les beautés de la Création, et pour exprimer aussi —car Du Bartas y tient— l'enseignement à la fois scientifique et religieux qui se dégage du spectacle de l'univers? Le genre de l'épopée, dont Du Bellay venait d'affirmer la supériorité et dont il regrettait l'absence dans la poésie française, semblait offrir le cadre le plus approprié à une telle entreprise, et l'on pouvait croire qu'en fidèle disciple de la Pléiade Du Bartas allait donner à son poème la forme épique préconisée par ses devanciers. L'accusation des critiques qui lui reprochèrent d'avoir ignoré ou méprisé "les règles qu'Aristote et Horace proposent aux poètes héroïques",[10] indique par ailleurs que c'est précisément en tant qu'épopée que la *Création du Monde* avait été jugée au moment de sa parution. Mais pour Du Bellay, comme pour Ronsard et Peletier du Mans, qui proclament eux aussi la nécessité d'acclimater en France ce genre noble entre tous,[11] il s'agissait plus précisément de renouer avec la tradition de l'épopée classique. Or le poème de Du Bartas, malgré l'ampleur de l'imagination qui s'y déploie, malgré la dignité de son sujet et la noblesse du dessein qui le commande, se ramène difficilement à l'idée que la Pléiade s'était faite du "poème héroïque".

Si, pour ne s'en tenir qu'à l'essentiel, on définit l'épopée comme une "narration en vers d'une action illustre",[12] la *Création du Monde* peut évidemment être considérée comme le prototype même du genre : quelle action, quel héros plus illustre, en effet, que Dieu lui-même créant du chaos primitif un univers à son image? De plus, dans la mesure où l'intention du poète épique est d'élever au bien l'âme du lecteur par l'exemple des exploits

---

[10] *Ibid.*, p. 220.

[11] Dans les préfaces de la *Franciade*, ainsi que dans l'*Art poétique* (II, (VIII) respectivement.

[12] Cf., pour la conception de l'épopée au XVIe siècle, le livre de R. A. Sayce, *The French Biblical Epic in France in the seventeenth century* (Oxford: Clarendon Press, 1955).

extraordinaires qu'il évoque, l'oeuvre de Du Bartas rejoint l'épopée par le but essentiellement moral qu'elle se propose. Au niveau des détails, elle se rapproche encore de la forme épique par les invocations qui la parsèment, par le merveilleux dont elle s'orne, ainsi que par tant d'autres procédés prônés par les théoriciens, et notamment ces métaphores prolongées, tirées de préférence du vocabulaire des métiers, dont Ronsard recommande l'usage dans une des préfaces de sa *Franciade*.[13]

Tous ces points communs, pour réels qu'ils soient, ne sauraient cependant tromper sur la distance qui sépare le poème de Du Bartas d'une épopée régulière. L'épopée est avant tout action : l'oeuvre de notre poète est davantage une méditation sur la création du monde, que le récit proprement dit de cette création. L'épopée, de l'avis général, raconte des guerres : Du Bartas n'évoque qu'incidemment les guerres de religion. L'épopée vit de fictions : le poète de la *Création du Monde* est contraint, par son propos même, de s'en tenir à la stricte vérité révélée. En fait, les divergences sont si flagrantes qu'elles n'échappent pas, comme nous venons de le voir, aux critiques les moins avertis, et dont Du Bartas rapporte lui-même les réticences dans son *Brief Advertissement* de 1584.

Mais plus encore que par ce témoignage sur l'accueil fait à son poème, l'*Advertissement* est précieux par ce qu'il nous révèle sur la façon dont l'auteur lui-même envisageait son oeuvre. Cette préface, à laquelle nous aurons l'occasion de revenir comme au seul texte où Du Bartas se soit exprimé sur la poétique qui commande ses deux *Sepmaines,* laisse trop souvent sur sa faim le lecteur désireux de surprendre les secrets de sa création poétique. Elle exprime cependant avec une netteté exceptionnelle la position du poète sur le point précis qui nous intéresse ici. Pressé par la nécessité de justifier devant ses critiques les libertés qu'il s'était permises vis-à-vis des lois strictement codifiées de l'épopée, Du Bartas y est amené à prendre clairement conscience de la nouveauté de son entreprise littéraire :

> Ma *Seconde Sepmaine* n'est (aussi peu que la Première) une oeuvre purement épique, ou héroïque, ains en

---

[13] Ronsard, *Oeuvres complètes*, éd. Laumonier, tome VII, pp. 87-88.

partie héroïque, en partie panegirique, en partie prophétique, en partie didascalique. Ici, je narre simplement l'histoire, là j'émeu les affections; ici j'invoque Dieu, là je luy en ren graces; ici je lui chante un hymne, et là je vomi une satire contre les vices de mon âge; ici j'instrui les hommes en bonnes moeurs, là en pieté; ici je discours des choses naturelles, et là je loue les bons esprits. Que donques en une si grande nouveauté de sujet poétique, une nouvelle et bisarre (puisqu'ils le veulent ainsi nommer) methode me soit permise.[14]

Les multiples desseins du poète ne pouvant s'accommoder d'aucune forme de poésie existante, Du Bartas s'est donc vu contraint d'inventer son propre moule: l'originalité de son sujet demandait, sinon une forme tout à fait originale, du moins un amalgame des divers genres poétiques dans le cadre desquels s'était exercée l'imagination de ses prédecesseurs.

La "bisarre methode" critiquée par les détracteurs de Du Bartas ne peut désigner, en effet, que le caractère évidemment composite de son poème, où l'influence de l'épopée homérique et virgilienne, pour dominante qu'elle soit, est loin d'être exclusive. C'est ainsi qu'on a pu, depuis longtemps déjà, souligner la dette du poète envers la poésie didactique de Lucrèce, ainsi qu'envers les innombrables héxamérons qui, en vers comme en prose, s'ingénient depuis les premiers siècles de l'ère chrétienne à percer eux aussi les mystères de la Création.[15] De même, on a pu rapprocher le poème de Du Bartas des *Bestiaires* du Moyen Age, par le souci naïf, qui leur est commun, de dégager une leçon morale des moindres manifestations de la vie, et notamment des moeurs animales.[16] A ces diverses influences on pourrait ajouter encore celle des "hymnes", redécouverts par Ronsard et auxquels Marulle avait donné à la fin du siècle précédent un caractère vaguement scientifique en substituant, à la glorification des divinités et des héros des hymnes grecs, la description lyrique des phénomènes naturels. La première *Sepmaine* de Du Bartas, écrit à ce sujet Paul Laumonier,

---

[14] *The Works of Du Bartas*, tome I, p. 220.
[15] Cf. sur cette question U. T. Holmes, *Op. cit.*, tome I, pp. 111-116.
[16] Lebègue, Raymond, *Op. cit.*, p. 86.

n'est à vrai dire, qu'un hymne continu sur les merveilles de la Création, surtout à partir du "troisième jour"; mais elle contient des pages qui sont tout à fait dans la tradition des hymnes épiques de Ronsard, sur le Ciel, les Etoiles, la Terre, le Soleil et la Lune, sur certains animaux, notamment le Dauphin, l'Aigle et le Lion, enfin sur l'Ame humaine; ce sont autant d'épisodes, destinés à illustrer ce long poème didactique, et l'on comprend que Ronsard ait tout d'abord exprimé son admiration pour cette oeuvre qui développait si heureusement la sienne.[17]

L'Antiquité, le Moyen Age aussi bien que la grande poésie religieuse et scientifique du XVIe siècle sont ainsi mis à contribution dans une oeuvre essentiellement éclectique, et dont le caractère hybride n'a pas manqué de surprendre. Mais il importe de noter que cet éclectisme nouveau n'est pas particulier à Du Bartas. Sans en être lui-même conscient —puisqu'il justifie la forme de son poème uniquement par la complexité du fond qui la commande— Du Bartas semble bien, sinon suivre une mode, du moins refléter un besoin nouveau chez certains contemporains de briser les cadres nouvellement établis de la création poétique. A côté de poèmes conformes déjà au principe classique de la séparation des genres, contenu implicitement dans les arts poétiques se réclamant de la Pléiade, apparaissent en effet des oeuvres qui ne parviennent pas à s'adapter aux limites de tel ou tel genre, qu'elles tendent sans cesse à dépasser. Le *Microcosme* de Maurice Scève, *Les Tragiques* de D'Aubigné sont deux exemples frappants de longs poèmes dont il ne serait pas aisé de dire à quel genre poétique précis ils se rattachent. *Les Tragiques* surtout semblent proches, ici comme sur tant d'autres plans, de la *Création du Monde,* et il n'est pas sans intérêt de mettre en parallèle à l'*Advertissement* de 1584 l'extrait de la préface "Aux lecteurs", où D'Aubigné avoue à son tour le caractère disparate de son poème:

La matière de l'oeuvre a pour sept livres sept titres separez, ... Le premier livre s'appelle *Misères,* qui est

---

[17] Laumonier, Paul, Introduction au tome VIII des *Oeuvres complètes* de Ronsard, p. XII.

un tableau piteux du Royaume en general, d'un style bas et tragique, n'excedant que fort peu les loix de la narration. Les *Princes* viennent après, d'un style moyen mais satyrique en quelque façon: en cettui-là il a es-gallé la liberté de ces escrits à celles des vices de son temps, denotant le subject de ce second pour instrument du premier. Et puis il fait contribuer aux causes des mi-seres l'injustice, sous le titre de *La Chambre dorée,* mais ce troisiesme de meme style que le second. Le quart, qu'il appelle *Les Feux,* est tout entier au sentiment de la religion de l'autheur et d'un style tragique moyen. Le cinquiesme, sous le nom des *Fers,* du style tragicque es-levé, plus poëtic et plus hardi que les autres... Le livre qui suit le cinquiesme s'appelle *Vengeances,* théologien et historial. Lui et le dernier, qui est le *Jugement,* d'un style eslevé, tragicque, pourront estre blasmés pour la passion partizane; mais ce genre d'escrire a pour but d'esmouvoir, et l'autheur le tient quitte s'il peut cela sur les esprits desjà passionnez ou pour le moins aequa-nimes.[18]

Imbrie Buffum, commentant ce passage dans son livre sur le style des *Tragiques,*[19] insiste à bon droit sur l'intention polémique qu'il trahit, et qui apparente l'oeuvre de D'Aubigné à la poésie et à l'art baroques par l'esprit de propagande qui l'anime. Mais l'extrait dont il s'agit ne souligne-t-il pas avant tout la diversité de l'inspiration dont est issu le poème, l'aspect hétérogène qu'il a plu à l'auteur de lui donner? Car il est évident que le terme d'*épopée,* qui le désigne le plus souvent, ne convient pas beaucoup plus au poème de D'Aubigné qu'à celui de Du Bartas. Ici et là un ton, une vision essentiellement épiques dominent; mais les digressions qui abondent sous la plume des deux poètes entraînent sans cesse leur oeuvre hors des cadres d'un genre rigoureusement délimité.

Ce mélange de tons commun à la *Création du Monde* et aux *Tragiques* a sans doute de quoi déconcerter. C'est lui cependant qui contribue dans une large mesure à faire de ces deux poèmes des oeuvres éminemment représentatives d'une époque où appa-raissent, en réaction peut-être contre un parti pris d'ordre et de

---

[18] D'Aubigné, *Les Tragiques,* p. 9.

[19] Buffum, Imbrie, *Agrippa d'Aubigné's "Les Tragiques",* A *study of the baroque style in poetry,* pp. 10-11.

simplicité étranger à la sensibilité baroque naissante, des formes d'art irrégulières ou composites.

Ce goût du composite se manifeste en effet, dans les dernières années du siècle, dans tous les domaines de l'art et de la littérature. N'est-ce pas au moment même où Du Bartas conçoit son poème que Montaigne assimile la forme de ses *Essais* aux "crotesques et corps monstrueux, rappiecez de divers membres, sans certaine figure, n'ayants ordre, suite ny proportion que fortuite"?[20] Au théâtre, à la tragédie et à la comédie de l'antiquité que la Pléiade rêve de ressusciter en France, les dramaturges de la fin du XVIe siècle adjoindront la tragi-comédie, genre qui ne s'épanouira, il est vrai, que vers 1630, mais dont Garnier donnait déjà un premier modèle avec *Bradamante*. Répondant au même goût des formes intermédiaires, l'opéra italien fondra bientôt théâtre et musique en un tout plus ou moins indissoluble. Poussant plus loin encore cette tentative de fusion artistique, le ballet de cour ajoutera aux prestiges de ces deux arts, celui de la peinture[21] et de la danse. Toutes proportions gardées, et dans le domaine plus étroit de la poésie, la *Création du Monde* ne témoignerait-elle pas par le caractère disparate de son inspiration, d'un même besoin, chez le poète baroque, de rejeter des cadres poétiques excessivement rigides, et de leur substituer des formes composites plus accordées aux caprices de son imagination?

Une structure baroque

Cette liberté dans le passage constant d'un ton à un autre, d'un genre à un autre, on la retrouve aussi dans la structure de l'oeuvre. Ici encore, cependant, il s'agit moins d'une caractéristique propre au poème de Du Bartas, que d'une constante de l'oeuvre baroque. Il est vrai que la notion d'une "structure baroque" reste mal définie : alors que l'analyse des procédés stylistiques ainsi que des thèmes obsédants de la littérature baroque a établi avec plus

---

[20] Montaigne, *Essais*, éd. Pierre Villey (Paris, Presses Universitaires de France, 1965) livre I, ch. 28, p. 183.
[21] Par l'importance qu'il accordera au décor. Cf. Jean Rousset, *La littérature de l'âge baroque en France*, ch. I.

ou moins de certitude l'existence d'une stylistique et d'une thématique proprement baroques, les problèmes touchant à la composition n'ont donné lieu jusqu'ici qu'à des observations isolées et tout hypothétiques. Mais ces remarques, pour provisoires qu'elles soient, ont attiré néanmoins l'attention sur quelques traits d'ordre structural qui permettent de postuler, sinon bien entendu un schéma précis auquel se conformerait nécessairement toute oeuvre authentiquement baroque, du moins une structure idéale dont les oeuvres de la période baroque tendent à se rapprocher.

Ainsi, correspondant à son penchant pour l'irrégularité et le mouvement, à son rejet de l'ordre et de la clarté, l'imagination baroque semble appeler, pour s'incarner, une structure affranchie elle aussi de toute contrainte. "Ce fagotage de tant de diverses pieces" que sont aux yeux mêmes de leur auteur les trois livres des *Essais,* offrent peut-être le meilleur exemple d'une composition ainsi conçue. Aboutissement d'une méthode dont Montaigne parle comme d' "un proceder sans définition, sans partition, sans conclusion, trouble," [22] les *Essais* révèlent en effet une structure qui refuse le principe de l'enchaînement logique ainsi que la tyrannie d'un plan pré-existant, pour se créer au moment même où naît la réflexion, dont elle peut ainsi respecter les contours.

Des multiples facteurs qui contribuent directement à cette impression de désordre et de spontanéité, le plus évident est sans doute le déséquilibre entre le fond même de l'oeuvre et ses éléments purement décoratifs. Alors que le classicisme subordonne le détail à l'ensemble, l'ornement à l'aspect essentiel de l'oeuvre, il semble que le baroque tende, au contraire, à leur accorder une importance pour le moins égale. C'est là en effet une particularité qui frappe autant dans la littérature que dans les beaux-arts ou dans l'architecture de l'époque. Jean Rousset, notamment, la dégage d'une façon très convaincante dans sa *Littérature de l'âge baroque.* Partant d'une réflexion sur le rôle de la façade dans l'ensemble de l'église baroque, le critique observe, dans la relation entre le décor et la fonction de cet élément architectural, un renversement significatif des rapports habituels. Au lieu de traduire la structure, de préparer à la vision de la partie essentielle, la façade de l'église baroque jouit d'une parfaite autonomie:

---

[22] Montaigne, *Essais,* livre II, ch. 17, p. 637.

> ... au lieu de s'attacher à mettre en valeur les vérités
> organiques, le décor se prend à vivre pour lui-même...
> il tend à devenir, de serviteur ou compagnon qu'il était,
> un maître souverain et il semble concevoir l'ambition ex-
> trême de se soumettre la structure qui n'existerait plus
> que comme support de l'ornement et du décor.[23]

Ce qui est vrai de l'architecture ne l'est pas moins de la
poésie, où Rousset retrouve cette même émancipation, cette même
prolifération aussi du décor aux dépens de ce que l'oeuvre littéraire contient d'essentiel. Particulièrement suggestive, à cet égard,
est son analyse de la métaphore baroque, où l'objet que le poète
s'était donné pour but d'évoquer finit par disparaître sous l'ava-
lanche d'images qu'il suscite. Soucieux de déployer avec tout
l'éclat possible une ingéniosité qu'il prise par-dessus tout, multi-
pliant à plaisir les rapprochements, le poète baroque détourne
en effet la métaphore de sa fonction traditionnelle. Plutôt que
de souligner, d'imposer à l'attention du lecteur, de graver dans
l'esprit, la métaphore baroque dissoud au contraire, par une série
d'images qui s'annulent les unes les autres, et qui annulent aussi,
dans leur succession, l'objet qu'elles étaient censées mettre en
valeur.

Intéressantes en elles-mêmes, ces remarques le sont plus encore dans la mesure où elles soulignent, sur le plan de la structure de l'oeuvre baroque, l'importance d'un phénomène plus général: à savoir une profusion caractéristique de détails décoratifs
qui, prenant le pas sur l'essentiel, repoussent à l'arrière-plan ce
qui logiquement devrait constituer le coeur même de l'oeuvre.
Un passage des *Essais*, cité plus haut dans un contexte quelque
peu différent, confirme qu'il s'agit là d'un principe tout à fait
conscient, et qui correspond à l'une des tendances les plus fondamentales de l'imagination baroque. Dans un effort pour justifier une fois de plus la structure déconcertante de son oeuvre,
Montaigne y compare son procédé de composition à celui d'un
peintre:

> Il choisit le plus bel endroit et milieu de chaque
> paroy de sa connaissance, pour y loger un tableau

---

[23] Jean Rousset, *Op. cit.*, p. 169.

> élabouré de toute sa suffisance; et, le vide tout au tour,
> il le remplit de crotesques, qui sont peintures fantasques,
> n'ayant grâce qu'en la variété et estrangeté.[24]

Ce procédé, qui évoque la manière de tant d'artistes de
l'époque,[25] se retrouve donc aussi dans le domaine littéraire, où
son influence rend compte d'une dernière caractéristique de
l'oeuvre baroque : son ampleur. Hostile à toute contrainte, étrangère notamment à la conception de la mesure, l'oeuvre baroque
tend à s'étirer à l'infini par la série d'ajouts successifs dont elle
est susceptible. "J'adjouste, mais je ne corrige pas," dit encore
Montaigne de ses *Essais*.[26] S'il lui arrive de se corriger, c'est "pour
diversifier, non pour oster".[27] Ce qui ne veut pas dire, bien entendu, que ce souci de ne jamais rien retrancher soit motivé
uniquement par des considérations formelles. Il est évident qu'il
correspond surtout, chez l'auteur de l'essai *Du Repentir*, au refus
de se désavouer —tout comme le souci contraire d'allonger sans
cesse son oeuvre s'explique avant tout par le désir de surprendre
en soi les moindres signes d'une évolution intellectuelle. Il reste
cependant que son attitude trahit aussi un penchant de plus en
plus prononcé pour une forme de plus en plus ample. A mesure
que le temps passe, les chapitres se font plus longs; les deux
premiers livres s'augmentent de ce "troisième alongeail" qu'est
le Livre III, et qui, ouvert sur le devenir intellectuel et moral
de Montaigne, aurait pu être suivi par d'autres recueils. Semblables en cela à tant d'oeuvres de l'époque, les *Essais*, tout
comme Le *Microcosme* de Scève ou *Les Tragiques* de D'Aubigné,
présentent donc, par leur conception même, l'exemple d'une
oeuvre littéraire à laquelle seule peut assigner un terme une
décision arbitraire de leur créateur. Quelles que soient par ailleurs
les exigences auxquelles il répond, l'ensemble des *Essais* semble ainsi participer de cette "forme ouverte" qui pour Wölf-

---

[24] Montaigne, *Op. cit.*, Livre I, ch. 28, p. 183.

[25] M. Imbrie Buffum, notamment, rapproche le principe défini ici par
Montaigne de l'art du graveur baroque Jacques Callot, dont les oeuvres révè-
lent, autour de l'image centrale, une profusion de détails ornementaux. Cf.
Studies in the Baroque from Montaigne to Rotrou, p. 3.

[26] Montaigne, *Op. cit.*, livre III, ch. 9, p. 963.

[27] *Ibid.*, livre II, ch. 37, p. 758.

flin caractérisait l'art baroque, et qu'il n'est peut-être pas tout à fait sans profit de transposer dans le domaine du baroque littéraire.

Hostilité à toute composition rigoureuse; prédilection pour le détail, l'ornement, la digression au dépens de l'idée maîtresse; refus de simplifier en éliminant, et tendance opposée vers une accumulation qui tend à donner à l'oeuvre une dimension monumentale et à l'ouvrir sans cesse sur de nouvelles perspectives: telles semblent donc être les caractéristiques essentielles de la structure de l'oeuvre baroque. Or, si l'on confronte la *Création du Monde* aux productions littéraires issues d'une telle esthétique, on s'aperçoit que le poème de Du Bartas, loin de représenter un exemple isolé de composition irrégulière et maladroite, se rattache à un mouvement général de la littérature et des arts de l'époque. Sur un point seulement, les nécessités liées au choix de son sujet forcent Du Bartas à déroger aux principes qui gouvernent l'élaboration de l'oeuvre baroque. Contraint de respecter le développement chronologique des événements qu'il s'est donné pour tâche de mettre en vers, le poète ne peut se permettre toutes les libertés qu'il aurait sans doute souhaitées. L'obligation de suivre fidèlement la chronologie biblique lui impose en effet un plan prédéterminé dont il ne peut s'écarter. Mais si la fantaisie de l'auteur se trouve ainsi entravée par un schéma préexistant à l'oeuvre et auquel celle-ci doit absolument se conformer, il reste néanmoins qu'à l'intérieur de ce schéma la *Création du Monde* révèle, sous une forme particulièrement accusée, toutes les caractéristiques de la structure baroque mentionnées plus haut.

Pour s'en convaincre, il suffit de se reporter au *Brief Advertissement*, où Du Bartas énumère lui-même, sous forme de reproches adressés au poète par ses détracteurs, les particularités définies dans les paragraphes qui précèdent. Même si les remarques des critiques visent surtout la seconde des *Sepmaines*, elles s'appliquent avec une pertinence presque égale au poème qui nous intéresse de plus près.

Le premier reproche d'ordre structural auquel Du Bartas tente de faire face concerne le manque de proportion des diverses parties de son oeuvre. A en croire le poète, les dénigreurs de ses *Sepmaines* s'en prennent surtout, sur le plan de la composition, à l'importance excessive de certains développements par rapport à l'ensemble :

> Les autres en blasment la disposition, et il leur semble qu'il y a des membres prodigieux. Mais, dites-moy, où avés vous apris de juger de tout un palais par son seul frontispice ? Je n'ay point encore jetté les fondemens des deux tiers de mon bastiment ; vous ne voyés que certaines murailles imparfaictes, et qui monstrent le dehors, et les pierres d'attente pour se lier avec le reste de l'édifice. Toutesfois, vous osez asseurer qu'il n'y a nulle symmetrie, nulle correspondance, nulle proportion és quartiers de ce logis. Qui vous eust monstré la teste de grand Colosse de Rhodes séparée du corps, n'eussiez-vous pas dict qu'elle estoit espouvantable, monstreuse et demesurée ? Mais qui vous eust faict voir ceste merveille du monde debout, et toute entière, vous eussiez (comme j'estime et l'occasion y est d'ainsi le croire) confessé que Charès avoit exactement observé une juste dimension en tous les membres d'une si grande masse.[28]

Que retenir d'une telle justification ? Il est évident qu'en l'absence de la totalité de l'oeuvre qui seule pourrait déterminer leur valeur par rapport au reste, les diverses parties ne peuvent être équitablement critiquées sur le chapitre de leurs proportions relatives. Aussi est-il impossible, la *Création du Monde* n'étant qu'un prélude à une oeuvre de dimension inconnue, d'affirmer qu'elle constitue par ses sept mille vers un membre disproportionné de l'ensemble. Mais ceci ne veut pas dire qu'à l'intérieur de ce prélude, considéré pour les besoins de la cause comme une oeuvre achevée, certains développements ne prennent pas, par rapport à l'ensemble de l'oeuvre, une importance qui ne s'explique en dernier lieu que par une indifférence toute caractéristique aux lois de la proportion. Les trente cinq vers consacrés à l'éloge de la noix de coco, les cent huit vers où le poète reprend la légende d'Arion, la fable de l'aigle et de la vierge qui termine le "cinquiesme jour" —les exemples sont trop nombreux pour qu'il faille insister— prouvent au contraire que le reproche auquel Du Bartas tente de répondre n'est que trop justifié, et

---

[28] *The Works of Du Bartas*, tome I, p. 219.

qu'au niveau de la composition le trait peut-être le plus frappant du poème est précisément ce déséquilibre dans la "disposition" d'une oeuvre déjà baroque.

Mais si l'argument visant à disculper le poète du reproche de disproportion n'emporte pas la conviction du lecteur, le rapprochement esquissé entre l'ensemble de l'oeuvre conçue par Du Bartas et le colosse de Rhodes mérite, lui, d'être noté au passage. Ne souligne-t-il pas, en effet, cette deuxième caractéristique baroque de la *Création du Monde* qu'est l'ampleur de sa conception? Cet élément est d'ailleurs étroitement lié à la question, soulevée elle aussi dans le *Brief Advertissement,* des nombreuses digressions qui parsèment l'oeuvre. Sur ce chapitre non plus le poème de Du Bartas n'a pas échappé à la vigilance des critiques, qui lui reprochent d'accorder une part selon eux excessive aux embellissements, à tout ce qui aurait pu être retranché sans qu'en soit changé le sens général de l'oeuvre :

> Les autres pensent que j'ay recherché industrieusement plusieurs digressions et hors-de-propos, pour faire une vaine parade de suffisance et me rendre admirable au vulgaire.[29]

A cette accusation de pédantisme, Du Bartas oppose une fois de plus un plaidoyer singulièrement peu convaincant. A l'en croire, c'est le souci d'équilibre —bien contestable, nous l'avons vu— qui l'aurait conduit à multiplier les digressions, afin de donner au récit des diverses journées une dimension à peu près égale :

> ... souhaitant (comme je le doy) qu'entre toutes les parties de cest ouvrage il y ait quelque proportion, j'ay esté constraint d'y raporter divers discours pour réparer les brèches, et fermer les jours qui paroissent en la déduction des gestes avenus ès deux premiers âges du monde, où j'avoy, comme chacun sçait, bien peu de sujet, ce que surtout je les prie et reprie de considérer.[30]

---

[29] *Op. cit.,* t. I, p. 220.
[30] *Loc. cit.*

Ailleurs, sa défense consiste à vouloir faire passer les digressions pour l'essentiel. C'est ainsi que le long discours des Furies de l'*Enfance du Monde* n'est point, assure le poète, "un destour, esbat ou promenoir, ains le chemin royal par lequel bon gré mal gré il failloit que je passasse".[31] A propos des conversations imaginaires qu'il prête à Noé et à Cham dans l'épisode du Déluge, Du Bartas tente de justifier le recours au vraisemblable, dans les nombreux cas où la Bible reste muette sur le vrai.

Les maladresses d'une telle argumentation peuvent prêter à sourire; elles s'expliquent, cependant, lorsqu'on constante qu'en se défendant du reproche d'une élaboration excessive, Du Bartas sacrifie à un préjugé qu'il ne partage pas. Aussi l'orgueil du poète, fier des ressources de son imagination, finit-il par l'emporter chez lui sur une contrition de pure forme. Loin de se repentir véritablement de l'importance qu'il lui accorde, Du Bartas voit dans l'élaboration, même débridée, une vertu plutôt qu'un défaut. Le jeu de l'imagination créatrice amplifiant jusqu'à la démesure les données premières où elle puise son essor, lui apparaît en définitive comme l'essence même de l'effort poétique:

> Chacun cognoist combien la façon de parler des oracles est communément brieve et obscure; en somme, esloignée de stile du poète, qui, trouvant un beau chemin, se donne une longue carrière et s'attache bien souvent aus moindres circonstances des choses qu'il représente.[32]

A la faveur d'une telle conception de la poésie, non seulement Du Bartas finira par concéder la présence, dans son oeuvre, d'une abondance de digressions et d'éléments décoratifs: il ira même jusqu'à voir dans cette abondance la plus sûre garantie d'authenticité poétique.

"Bref, je ne présente point icy une confession de foy, ains un poème que je pare autant qu'il le peut porter des plus exquis joyaux que je butine sur toutes sciences et professions". Par la fonction qu'elle assigne à la poésie, par la diversité des genres

---

[31] *Op. cit.*, t. I, p. 221.
[32] Du Bartas, *Loc. cit.*

et des tons qu'elle révèle, autant que par les caractéristiques structurales que nous avons tenté de dégager, la *Création du Monde* se rattache donc d'une façon très étroite au courant baroque dont elle est une des manifestations les plus représentatives. Il nous reste à faire sentir cette même parenté sur le plan des thèmes, des images, ainsi que des procédés rhétoriques mis au service d'une vision, d'une sensibilité elle aussi essentiellement baroque. C'est à quoi visera l'analyse à laquelle seront consacrées les pages qui suivent.

CHAPITRE IV

LA *CREATION DU MONDE*: ETUDE DU POEME

L'auteur dans l'oeuvre

Quitter le plan des conceptions générales sur lesquelles repose la *Création du Monde* et se pencher enfin sur le poème lui-même, c'est être frappé tout d'abord par le rapport singulier qui unit le poète à son oeuvre et, par-delà l'oeuvre, à son lecteur.

Mu par un souci de perfection formelle le plus souvent étranger à son prédécesseur baroque, l'écrivain classique semble dissimuler avec un soin particulier l'effort préalable à l'éclosion de l'oeuvre. Ni ratures, ni ébauches: seul est retenu et livré au public le fruit même du lent et pénible processus de la création littéraire. Le *moi* du créateur, notamment, ne fait presque jamais irruption dans le cadre de l'oeuvre achevée. A l'exception de ceux qui, tels les mémorialistes, sont amenés par la nature même de leur propos à déroger au principe du "moi haïssable", l'écrivain classique tend à disparaître derrière l'écran du livre, qui le dissimule bien plus qu'il ne le révèle à la curiosité de son public. Une certaine réserve, une certaine pudeur, ainsi que le respect des bienséances lui interdisent de se mettre en scène, de raconter ses aventures ou d'utiliser ses expériences.[1] Par ailleurs, visant surtout à l'universalité, le classique se méfie de ce qui n'engage que lui-même: tout contribue ainsi à l'absence caractéristique de l'écrivain qui s'efforce, dans la mesure du possible, de ne léguer

---

[1] Cf. Henri Peyre, *Qu'est-ce que le classicisme?* (Paris: Nizet, 1965), pp. 94-102.

à la postérité qu'une oeuvre parfaitement détachée de lui-même, et débarrassée de toute trace des tâtonnants efforts dont elle est l'aboutissement.

Rien de tel dans la *Création du Monde*. Ici, au contraire, le lecteur a sans cesse l'impression d'assister à la genèse d'un poème qui semble naître sous son regard. Lire ces vers, ce n'est pas seulement découvrir une oeuvre : c'est aussi suivre, parallèlement à la marche du récit de la Création, les hésitantes tentatives de l'auteur pour donner à ce récit sa forme définitive. Tout comme dans les *Tragiques* ou dans *Moyse sauvé*, les détours du poème révèlent constamment, derrière l'affabulation proprement dite, l'obsédante présence du poète au travail.

Le phénomène est assez remarquable pour mériter d'être étudié d'un peu près : aussi peut-on commencer par se demander à quelles intentions exactes correspond cette présence de l'auteur dans le cadre de son oeuvre.

Avant d'esquisser une réponse plus précise, notons tout d'abord que les diverses formes qu'assume cette présence sont loin d'être toutes d'une égale portée. Dans certains cas, elle s'explique tout simplement par les exigences de la tradition littéraire dans laquelle vient s'insérer le poème. Lorsque, dans son Hymne du Ciel, Du Bartas s'exclame :

> Throne du Tout-Puissant, volontiers dans ces vers
> Je chanteroy les loix de ton branle divers.
>
> (II. 991-992)

ou que, dans les tout premiers vers du "Premier Jour", il révèle au lecteur l'objet de son poème,[2] il ne fait évidemment qu'obéir à la tradition du poète épique exposant à son auditoire les grandes lignes de son récit. C'est dans cette même optique qu'il convient d'envisager la plupart des invocations sur lesquelles s'ouvre chacune des journées de la *Sepmaine*. De même, dans les innombrables "Et que diray-je plus?" qui jalonnent l'oeuvre, on ne peut voir autre chose qu'un exemple de plus des fréquentes chevilles dont la présence ne peut étonner dans une oeuvre de six mille quatre cent quatre-vingt quatorze vers qui ne représentent, en

---

[2] "Je chante à nos neveux la naissance du monde" (I. v. 8).

définitive, qu'une gigantesque paraphrase des trentes premiers versets de la Genèse.

D'autres vers ("Mais je voy qu'il vaut mieux quitter ces vains discours" II, 839) ne se justifient que dans la mesure où ils permettent au poète des transitions plus ou moins artificielles. Mais ni la maladresse, ni une conformité aveugle à une tradition millénaire ne parviennent, en dernier lieu, à rendre compte d'une présence qui se manifeste dans l'oeuvre avec une insistance dans laquelle il faut bien voir un principe conscient d'esthétique littéraire.

Des multiples effets que vise ce principe des irruptions périodiques du poète, le plus immédiatement sensible est celui qui consiste à donner un certain relief à une oeuvre dont toute véritable action est absente, et qui risque par là même de verser dans la monotonie. Ainsi la chaîne de métaphores évoquant le tonnerre, au milieu du "Second Jour", s'ouvre sur des vers dont la tension dramatique est dûe entièrement à l'intervention soudaine de l'auteur dans son récit:

> Mais qu'oy-je dans le ciel? il semble que ce Tout
> Escartele ses murs de l'un et l'autre bout.
>
> (II, 639-40)

Un effet essentiellement semblable est obtenu dans un extrait du "Sixième Jour", où l'effroi que Du Bartas espère susciter chez son lecteur se double de la réaction du poète lui-même, spectateur terrifié du cortège de bêtes sauvages qui s'apprêtent à l'assaillir:

> Despetré des serpens, le danger je n'evite,
> Car las! voicy venir un felon exercite
> D'animaux indontez, de qui l'affreux regard,
> L'espouvantable voix et le maintien hagard
> Prive de sens mes sens...
>
> (VI, 273-277)

Souvent, les éléments de la création s'organisent ainsi par rapport au poète dont la présence, tout en intensifiant l'effet dramatique produit sur le lecteur, contribue aussi à créer dans le tableu un effet, parfois heureux, de perspective.

Dans le même but d'animer une matière souvent ingrate, et afin d'éviter à son poème l'allure d'un simple catalogue des phénomènes créés, la description prend quelquefois la forme d'un dialogue:

> Phoebé, mere des mois, Phoebus, pere des ans,
> Ha! vous me cachez donc vos visages luisans?
> Quoy? vous ne voulez pas me monstrer vos estoilles
> Qu'à travers l'espesseur de deux funebres voiles?
> Ostez-moy ces bandeaux, despouillez-moy ce dueil...
>
> (IV, 497-501)

Tout comme ce dialogue cosmique sur le ton d'une conversation galante, les nombreuses apostrophes au lecteur tentent, elles aussi, de parer à l'ennui d'une présentation trop uniforme.[3] Qu'il s'adresse au futur lecteur qu'il tente le convertir à sa cause, ou qu'il prenne à parti des adversaires imaginaires dont il dénonce les hérésies, Du Bartas se transforme volontiers —nous l'avons vu ailleurs— en prédicateur d'un sermon passionné, auquel la présence du poète confère une tension dialectique dont la fonction est avant tout d'atténuer le caractère statique du poème.

Un autre des procédés qui ont pour but d'animer la *Création du Monde* par l'intervention du poète dans son récit, consiste à intercaler, dans le corps d'un poème essentiellement narratif et descriptif, des épisodes de pur lyrisme. C'est le cas, par exemple, de cette véritable "Ode à la Solitude" que sont les derniers vers de l'éloge de la vie rustique sur lequel se termine la troisième partie du poème:

> Puissé-je, o Tout-puissant, incogneu de grands rois,
> Mes solitaires ans achever par les bois;
> Mon estang soit ma mer, mon bosquet mon Ardene,
> La Gimone mon Nil, le Sarapin ma Seine,
> Mes chantres et mes luths les mignards oiselets,
> Mon cher Bartas mon Louvre, et ma cour mes valets.
>
> (III, 979-84)

---

[3] Cf., entre bien d'autres, ces vers extraits du "Troisième Jour":

> Lecteur, pardonne-moy, si ce jourd'huy tu vois
> D'un oeil jà tout ravy, tant d'arbres en mon bois,
> En mon pré tant de fleurs, en mon jardin tant d'herbes,
> En mon clos tant de fruicts, en mon champ tant de gerbes...
>
> (III, 715-8)

De même, l'évocation du chant du rossignol au milieu du "Cinquiesme Jour" débouche sur des confidences personnelles :

> O Dieu, combien de fois sous les fueilleux rameaux,
> Et des chesnes ombreux et des ombreux ormeaux,
> J'ay tasché marier mes chansons immortelles
> Aux plus mignards refrains de leurs chansons plus belles !
>
> (V, 625-8)

La réaction du poète devant le spectacle de la nature prend ainsi parfois le pas sur une description purement objective, et ce qui aurait pu n'être qu'une froide énumération des beautés de l'univers finit par prendre vie, grâce au lyrisme personnel qui soulève par intervalles la masse souvent lourde du poème.

Le procédé, cependant, n'était pas sans inconvénients, dans la mesure où il imposait à l'oeuvre une allure saccadée, tout en menaçant périodiquement de faire passer au second plan son contenu strictement descriptif. Aussi, dans les interventions les plus réussies, Du Bartas procède-t-il d'une manière toute différente. Bien qu'il fût forcé, par sa seule intrusion, de rompre nécessairement la trame narrative du poème et d'imposer au lecteur une présence qui fait écran à tout moment entre lui et l'oeuvre, Du Bartas essaie souvent d'atténuer la rupture ainsi produite : après s'être posé comme distinct de son poème, il tente, par un procédé inverse, de se fondre à nouveau en lui. Ce mouvement est particulièrement évident dans les nombreuses invocations où le poète, qu'on entrevoit pour ainsi dire la plume à la main à sa table de travail, se transforme, à la faveur de l'enthousiasme poétique, en spectateur privilégié des paysages qu'il s'apprête à décrire. C'est ainsi qu'au début du "Quatriesme Jour", au moment de chanter l'architecture des cieux, le poète rêve de s'élever jusqu'à eux et de faire corps avec ce qu'il va évoquer :

> Enlève-moy d'yci, si que loin, loin de terre
> Par le ciel azuré de cercle en cercle j'erre.
>
> (IV, 5-6)

Une métamorphose semblable —une métalepse, selon la terminologie technique— s'accomplit dans les premiers vers du "Cinquiesme Jour", lors de l'invocation au dieu de la mer qui précède l'évocation de l'univers aquatique :

Pourvoy-moy de bateau, d'Elice et de pilote,
Afin que sans peril de mer en mer je flote,
Ou plustost, o grand Dieu, fay que, plongeon nouveau,
Les peuples escaillez je visite sous l'eau,
Afin que degoutant, et chargé de pillage,
Je chante ton honneur sur le moite rivage.

(V, 19-24)

A ces passages où l'intervention de l'auteur tend à se confondre avec la matière descriptive du poème, on pourrait ajouter encore —entre bien d'autres— les quelques vers dans lesquels Du Bartas, s'identifiant cette fois à Dieu lui-même, refait après lui le travail de la Création:

Mais de quelle matiere, o maistre ingenieux,
Formeray-je apres toy les corbeures des cieux?

(II, 887-8)

Comme on le voit, l'irruption du poète dans le paysage qu'il décrit, loin de reléguer ce dernier à l'arrière plan, contribue au contraire à l'imposer davantage à la conscience du lecteur et lui confère, en l'animant, un peu de ce relief qui distingue d'un objet quelconque de la création, ce même objet lorsqu'il prend place dans le contexte d'une oeuvre d'art.

* * *

Dans les exemples dont il vient d'être question, la présence du poète avait surtout pour but de diversifier le mode de présentation de l'oeuvre. Si le poète intervenait dans le cours de sa narration, c'était avec l'intention de ménager des pauses, des temps d'arrêt dans la marche parfois accablante du poème. Les nombreuses brèches pratiquées dans sa contexture, et qui permettent d'entrevoir derrière le poème lui-même le poète qui l'élabore, semblent donc obéir, si l'on s'en tient aux exemples évoqués plus haut, au seul désir de multiplier les artifices de présentation d'une oeuvre de longue haleine, à laquelle l'auteur veut ainsi conférer un maximum de variété et de relief.

Mais là n'est pas encore l'essentiel, et les formes d'intervention relevées jusqu'ici, bien que sans doute les plus fréquentes, ne sont pas les plus significatives. A côté de ces passages où l'auteur intervient dans l'unique but de varier les procédés d'expression, il en existe d'autres, d'une importance beaucoup plus grande, et qui prétendent offrir au lecteur non plus un simple intermède, mais la clé même de l'oeuvre. Comme on a pu le constater plus haut dans un contexte différent, le poème de Du Bartas se veut, en même temps qu'un récit rimé de la création du monde, un exposé plus ou moins systématique des principes esthétiques et religieux sur lesquels il repose. Insérés dans la matière descriptive et narrative, tout un art poétique, toute une théologie renseignent le lecteur sur les intentions du poète, surpris dans l'acte même de la création artistique :

> O grand Dieu, donne-moy que j'estale en mes vers
> Les plus rares beautez de ce grand univers;
> Donne-moy qu'en son front ta puissance je lise,
> Et qu'enseignant autruy, moy-mesme je m'instruise.
>
> (I, 9-12)

De tels vers n'ajoutent évidemment rien à la valeur poétique de l'ensemble, et la tentation est grande de n'y voir que des signes manifestes d'une inspiration trop souvent défaillante. Or ce sont eux, en définitive, qui nous éclairent le mieux sur les raisons profondes des interventions du poète dans son oeuvre. Donnant au lecteur l'impression d'assister à la naissance même d'un poème qui prend forme sous ses yeux, ces vers n'obéissent-ils pas en effet au dessein, réfléchi et concerté, de créer entre l'oeuvre et son lecteur un réseau de liens, une complicité auxquels n'eût jamais songé le poète classique? L'oeuvre classique se présente comme jaillie spontanément du cerveau d'un créateur plus ou moins anonyme, et qui s'efface derrière sa création; conçue certes pour être admirée, elle refuse néanmoins de solliciter autrement que par sa seule présence l'adhésion du public. Chez Du Bartas, au contraire —comme chez Montaigne ou D'Aubigné— tout semble concourir à mettre le lecteur "dans le coup", à lui donner l'illusion de participer intimement à l'effort créateur, en l'entraînant pour ainsi dire dans les coulisses du poème pour lui dévoiler les secrets de sa fabrication.

C'est pourquoi, aux mille aperçus qu'offre sur sa propre genèse le texte des *Essais,* à tous les vers "avortés au milieu des armées" qui révèlent au lecteur des *Tragiques* les circonstances de leur composition, correspondent, dans la *Création du Monde*, ces fréquentes professions de foi religieuse et artistique, cette réflexion continue et comme à haute voix sur les problèmes de la genèse poétique, ainsi que sur la genèse cosmique dont le poème est le récit. Si la pureté de l'ouvrage s'en trouve compromise, si se trouve ainsi exposé au regard ce qui, dans l'intérêt de la perfection formelle, aurait peut-être gagné à demeurer caché, on ne peut nier que ces développements marginaux dont l'auteur baroque encombre son oeuvre visent, et réussissent à établir avec le public le contact le plus immédiat.[4] Et ne s'agit-il pas avant tout de se rapprocher du lecteur, de le persuader, d'agir sur lui en ébranlant sa léthargie, d'abolir dans la mesure du possible la distance entre l'oeuvre d'art et celui à qui elle s'adresse?

❅   ❅   ❅

Cette intimité, ce rapprochement sont soulignés davantage encore par une série d'images dont la fonction semble être de transformer en phénomène dynamique le processus traditionnellement passif de la lecture. La plus expressive de ces images —celle qui unit le plus étroitement ces trois éléments trop souvent indépendants que sont l'auteur, le lecteur et le contenu de l'oeuvre— est la métaphore du pélerinage religieux:

> Pelerins, qui passez par la cité du monde
> Pour gaigner la cité qui, bienheureuse, abonde
> En plaisirs eternels, et pour anchrer au port
> D'où n'approchent jamais les horreurs de la mort:
> Si vous desirez voir les beaux amphitheatres,
> Les arsenals, les arcs, les temples, les theatres,
> Les colosses, les ports, les cirques, les rempars,
> Qu'on void superbement dans notre ville espars,
> Venez avecques moy...
>
> (VI, 1-9)

---

[4] Les passages suivants constituent, à côté des exemples déjà cités, quelques-unes des interventions de ce genre: I 113-178, 537-541, 755-766; II 1-30, 369-388, 739-842, 991-1070; III 1-10, 215-222, 765-792; IV 1-40, 89-164; V 843-854; VII 709 à la fin.

Cette métaphore sur laquelle s'ouvre le "Sixiesme Jour" sous-tend en fait le poème tout entier. S'insérant tout naturellement dans la perspective religieuse de l'oeuvre, et reprise de loin en loin à la manière d'un leit-motif, elle donne à la *Création du Monde* comme une dimension supplémentaire. Grâce à elle, la matière du poème cesse d'être une simple fable, plus ou moins ingénieuse, mais qui n'engage en somme que superficiellement l'intérêt du lecteur. C'est maintenant, brûlant d'actualité, le sens même de son destin qui lui est révélé, par le biais d'une description de l'arrière-fond sur lequel se déroule le drame de son existence. Pour ce qui est de l'auteur, dont le rôle se ramène le plus souvent à celui d'un invisible et anonyme metteur en scène, le personnage de guide qu'il assume le conduit à participer pleinement, cette fois, à l'action même de son récit. Quant au lecteur, lui aussi de simple spectateur devient acteur: à la suite du poète-guide, c'est à la redécouverte active de l'univers et de soi-même qu'il est convié au cours de ce pèlerinage à travers les mystères de la vie terrestre.

Sur tous les plans, l'image du poète-guide et du lecteur-pèlerin contribue ainsi à bouleverser la conception traditionnelle de l'oeuvre littéraire. Au format courant de l'oeuvre impersonnelle, se présentant dans un splendide isolement et visant une postérité à laquelle elle demande une admiration qui n'exclut pas le détachement, elle substitue celui d'une oeuvre toute chargée, au contraire, de la présence de son créateur, et éminemment consciente d'un public sur lequel elle veut agir avec un maximum d'efficacité, en l'engageant de force à prendre une part active dans son déroulement. En particulier —et c'est là-dessus que voudraient insister ces dernières lignes— elle offre, par la fonction originale qu'y assume le lecteur, un exemple frappant de cette caractéristique essentielle de l'oeuvre baroque qu'est, selon l'expression de Jean Rousset, "la collaboration demandée au spectateur qu'on introduit dans le mouvement d'une oeuvre qui paraît se faire en même temps qu'il la connaît." [5]

Cette particularité, que le critique découvre surtout dans le domaine du théâtre, joue en fait —le poème de Du Bartas le suggère— dans tous les modes d'expression de la sensibilité baroque.

---

[5] *La littérature de l'âge baroque en France,* p. 232.

Pour citer de nouveau Jean Rousset, il n'est pas interdit d'y voir "une marque... de l'intime alliance nouée entre le Baroque et le théâtre".[6] De façon plus générale, sa présence dans les cadres d'une oeuvre poétique laisse croire qu'il s'agit d'un procédé étroitement lié à l'aspect dialectique qu'assume si volontiers l'oeuvre baroque. Aussi peut-on conclure que ces interventions du poète que nous venons d'étudier, et qui finissent par appeler l'intervention du lecteur lui-même, offrent une preuve de plus des affinités qui existent entre la *Création du Monde* et les autres manifestations d'un baroque littéraire qui se veut avant tout *dialogue*.

Quelques motifs obsédants

Mais une oeuvre baroque ne se définit pas, bien entendu, uniquement par la nature des rapports qu'elle établit avec son lecteur, ni par le rôle que l'auteur choisit de jouer dans le spectacle qu'il déploie sous les yeux de son public. Les nombreuses études entreprises depuis quelque temps déjà sur l'ensemble de la littérature baroque ont en effet réussi à isoler, dans cet amas par ailleurs si hétéroclite, un groupe de thèmes, ou tout au moins de motifs, qui reparaissent d'oeuvre en oeuvre comme des témoins irréfutables d'une imagination créatrice essentiellement semblable. Tout se passe comme si, par-delà les différences de tout ordre qui les distinguent les uns des autres, les écrivains baroques s'étaient entendus pour ne retenir, du faisceau de sensations et d'images que fournit l'expérience d'un univers multiple et varié, qu'un ensemble soigneusement délimité et cohérent, et dont le choix —par ce qu'il rejette tout autant que par ce qu'il accueille— révèle, à leur insu, une forme originale de sensibilité. Conférant aux oeuvres qu'ils jalonnent leur indéniable air de parenté, ces motifs et ces images dénotent chez les écrivains baroques une forme de vision commune à tous, ainsi qu'une même façon d'appréhender le réel.

Tous les critiques s'accordent sur ce point: la grande originalité de cette vision du monde est d'être essentiellement une vision

---

[6] *Loc. cit.*

déformée.[7] Ainsi, sinon toujours convulsé, l'univers que réflète l'oeuvre baroque sera de préférence un univers en mouvement. L'angoisse existentielle qui, de Montaigne à Pascal, sous-tend le pessimisme de l'homme enfin revenu des enthousiasmes de la première Renaissance, conduit l'écrivain baroque à concevoir autour de lui —et en lui— une réalité perpétuellement mouvante qui, dans ses incessantes métamorphoses, lui échappe. Fuyant le banal et recherchant l'insolite, ennemie de la norme et portée aux extêmes, son oeuvre dédaignera la peinture d'une réalité moyenne et incolore, pour exalter tour à tour le somptueux et le sordide, le faste et l'horreur. Enfin, plus sensuel qu'intellectuel, l'écrivain baroque délaissera tout effort d'analyse, toute tentative artificielle de décomposer le réel en unités distinctes et par là compréhensibles, pour s'abandonner au flot de la vie dans toute sa complexité apparente; confondant pêle-mêle les registres les plus éloignés —le profane et le religieux, le sublime et le familier— il visera à conserver à l'expérience vécue l'aspect essentiellement paradoxal que celle-ci offre au regard et à l'esprit fascinés par les contrastes d'un monde ondoyant et divers.

Telle est donc, déformée par une sensibilité et une imagination affranchies de tout souci de conciliation et d'équilibre, la vision du monde qu'offrent les exemples les plus typiques du baroque littéraire. Il est temps de nous demander dans quelle mesure, au niveau des thèmes et des images, la *Création du Monde* participe de cette même vision.

A) *Mouvement et métamorphose*

Jean Rousset l'a noté dans sa *Littérature de l'âge baroque en France*: le théâtre aussi bien que la poésie de la fin du seizième et du dix-septième siècle se caractérisent surtout par l'intuition d'un univers livré à l'inconstance et aux métamorphoses. Circé et sa troupe de sorcières et d'enchanteurs, Protée "qui opère sur lui-même ce que Circé opère autour d'elle", le personnage de l'In-

---

[7] Dans *Metaphysical, Baroque and Précieux Poetry* (p. 74 et suivantes), Madame Odette de Mourgues va jusqu'à voir dans ce caractère déformé de la vision du monde qui se dégage de certaines oeuvres qu'elle étudie, la marque la plus certaine de leur baroquisme.

constant dont on peut suivre les multiples incarnations de l'*Astrée* jusqu'à *Don Juan,* autant de figures symboliques de l'un des grands mythes dont se nourrit la littérature de l'époque : celui de l'homme multiforme dans un monde en métamorphose.[8] Les *Essais* de Montaigne avaient offert la première expression peut-être —la plus frappante en tout cas— du thème de l'homme mobile, inquiet et fasciné à la fois de se découvrir sans cesse *autre,* et cherchant vainement à se saisir, dans quelque essence immuable, sur l'arrière-fond de cette "branloire perenne" qu'est l'univers dans lequel il évolue. A sa suite, et que ce fût pour le dénoncer ou pour s'y complaire, les écrivains de l'époque reviennent avec la régularité d'une obsession sur ce phénomène des continuels changements qui travaillent l'homme et la création. Les poètes en particulier —Sponde, Chassignet, ceux que Jean Rousset appelle "les poètes de la vie fugitive"— multiplient dans leurs oeuvres les symboles du mouvement et de la métamorphose : la flamme, le nuage, la neige, l'arc-en-ciel. A l'imitation de la poésie baroque italienne ou allemande, toute une partie de la production poétique française se distingue ainsi par le véritable vertige que provoquent chez le lecteur les jeux de formes fuyantes et de rythmes mouvants qui la composent.

Ce même vertige, qui saisit dès l'abord à la lecture de la *Création du Monde,* est dû en premier lieu à l'étonnante diversité des phénomènes évoqués. Ne fût-ce qu'à cet égard, l'univers multiforme du poème peut être considéré —Albert-Marie Schmidt le remarquait déjà [9]— comme le prototype même de l'univers baroque. Car cette grouillante diversité n'est pas accidentelle : elle n'est pas une simple conséquence, nécessaire et sans signification, du projet de cerner dans le cadre d'une oeuvre littéraire la totalité des choses créées. Au lieu de rester implicite, elle est au contraire mise en relief, amplifiée et reprise jusqu'à devenir un des motifs de l'oeuvre. Loin de tenir uniquement à la nature du sujet choisi par le poète, elle offre déjà comme un premier indice d'une perspective essentiellement baroque sur le réel :

> Dieu respandit les flots sur la terre féconde,
> En figure quaree, oblique, large, ronde,

---

[8] Jean Rousset, *Op. cit.,* p. 22.
[9] Voir ci-dessus, p. 37.

En pyramide, en croix, pour au milieu de l'eau
Rendre nostre univers et plus riche et plus beau.

                                        (III, 77-80)

Dans une topographie assez diverse pour satisfaire le goût le plus
exigeant de la variété et du contraste, la faune et la flore qui la
peuplent se distinguent elles aussi par la diversité du comportement et de l'apparence extérieure :

Mais ce grand Dieu, qui tient la nature en nature,
Ne les fit seulement differens de figure,
Ains beaucoup plus de moeurs, à fin que nos esprits
Fussent non moins que l'oeil d'estonnement espris.

                                        (IV, 107-110)

Suivant un parti pris typiquement baroque, Du Bartas ira ainsi
jusqu'à faire du multiple une des catégories du beau, et c'est de
la diversité de ses formes que naîtra l'admiration du spectateur
devant une création belle avant tout parce que multiforme et
variée.[10]

* * *

Mais cette diversité, si caractéristique en elle-même, nous intéresse surtout dans la mesure où elle réussit à créer chez le lecteur
une première impression du mouvement qui anime à tout instant
l'univers de la *Création du Monde*. Plus encore que par la multi-

---

[10] L'univers des choses n'est d'ailleurs pas seul à être appréhendé
sous cet angle. Il est curieux de noter que l'univers des mots est lui aussi
considéré avant tout comme une série infinie de permutations. Cf. ce passage, tiré du "Second Jour", dans lequel du Bartas met en parallèle l'univers, issu de l'union des divers éléments, et son livre, où de même

vingt et deux éléments
Pour estre transportez, causent les changemens
Des termes qu'on y lit, et (où) ces termes mesme
Que ma sainte fureur dans ce volume seme,
Changeans seulement d'ordre, enrichissent mes vers
De discours sur discours infiniment divers.

                                        (II, 255-260)

On voit jusqu'à quel point il s'agit là d'une caractéristique propre à l'imagination de Du Bartas qui, ici comme sur tant d'autres plans, rejoint l'imagination baroque en général.

plicité et la variété des phénomènes qui le constituent, cet univers se distingue en effet avant tout par le mouvement incessant dont il est agité. "L'intestine guerre" que s'y livrent les éléments rend impossible

> Que souz l'astre cornu presque pour un quart d'heure
> En un mesme sujet une forme demeure.
> (II, 913-914)

Soumis à l'influence toute-puissante d'un astre perpétuellement renouvelé, tout l'ensemble du monde sub-lunaire semble condamné à d'éternelles métamorphoses. C'est sans doute pourquoi, plus qu'à une succession de scènes isolées, plus qu'au tableau figé d'un univers essentiellement statique, la lecture du poème fait souvent penser à la projection d'un film : tout y bouge, tout s'y transforme continuellement sous les yeux du lecteur :

> De vray, tout ce qu'on voit au monde de plus beau
> Est sujet au travail. Aussi la flamme et l'eau,
> L'une à mont, l'autre à val, sont tousjours en voiage;
> L'esprit est sans esprit s'il ne sçait discourir,
> L'air n'est presque jamais sans vens et sans orage;
> Le ciel cessera d'estre en cessant de courir :
> (VII, 325-330)

Commandée par une v i s i o n fondamentalement dynamique, l'oeuvre offre le spectacle d'un monde dont l'essence même est le mouvement.

Ici encore, il importe de le remarquer, nous n'avons pas affaire à une simple fantaisie de poète, à un jeu gratuit et sans conséquence : cette vision d'un univers en mouvement correspond à une conviction profonde, fondée d'ailleurs sur toute une métaphysique de l'instabilité et de la transformation, et dont le principe essentiel est la conception, dynamique elle aussi, d'un Dieu perpétuellement agissant.

Face aux divinités essentiellement passives des stoïciens, face notamment au Dieu "lethargique" d'Epicure, l'oeuvre dresse en effet l'image d'un Dieu qui ne semble pas échapper, lui non plus, à la loi du mouvement universel. Dieu, insiste Du Bartas dans une longue digression du "Septiesme Jour", n'est pas ce spectateur impassible d'un monde qu'il s'est contenté de tirer du chaos

pour l'abandonner ensuite au caprice du hasard ou de la Nécessité; à chaque moment, au contraire, son intervention se fait sentir d'un bout à l'autre de la création:

> Dieu est l'âme, le nerf, la vie, l'efficace,
> Qui anime, qui meut, qui soustient cette masse.
>
> (VII, 143, 144)

Aussi n'est-il rien, dans ce monde,

> qui ne soit agité
> Du secret mouvement de son éternité,
>
> (VII, 165-166)

et le dynamisme qui régit l'univers s'avère être, en définitive, l'effet direct des interventions divines qui assurent sa continuité.

Cette constante agitation correspond, d'autre part, au concept
même d'un univers créé dans le temps: né du néant, celui-ci est
destiné à retourner au néant, et chaque instant le rapproche de sa
fin dans un écoulement continu, plus ou moins perceptible, mais
que ne cesse de dissoudre inexorablement l'univers des choses
périssables:

> Ce Tout n'est immortel, puis que par maint effort
> Ses membres vont sentant la rigueur de la mort:
> Que son commencement de sa fin nous asseure,
> Et que tout va ça bas au change d'heure en heure.
>
> (I, 341-344)

En dernier lieu, la vision baroque d'un univers entraîné dans
une suite de métamorphoses se rattache à la conception aristo-
télicienne d'une nature indestructible et éternelle, mais assujettie
néanmoins à de constantes transformations:

> Rien de rien ne se fait, rien en rien ne s'écoule,
> Ains ce qui naist ou meurt ne change que de moule.
>
> (II, 153-154)

L'accent, dans ces vers, semble à première vue porter sur la permanence de la matière, plutôt que sur la succession des formes
qu'elle assume tour à tour; en fait —et le long développement
qui suit presqu'immédiatement le prouve— ils traduisent sur-

tout, et non sans une certaine éloquence, la manifeste obsession
d'un univers perpétuellement changeant:

> Quiconque a remarqué comme une seule masse
> De cire peut changer cent et cent fois de face,
> Sans croistre ny descroistre, il comprend aisement
> De ce bas univers l'assidu changement.
> La matière du monde est ceste cire informe,
> Qui prend sans se changer toute sorte de forme.
>
> (II, 189-194)

> Rien n'est icy constant: la naissance et la mort
> Président par quartier en un mesme ressort.
> Un corps naistre ne peut qu'un autre corps ne meure,
> Mais la seule matière immortelle demeure...
>
> (II, 199-202)

Tout le passage ne fait d'ailleurs que reprendre, en la développ-
ant, l'idée sur laquelle Ronsard termine son élégie *Contre les
bûcherons de la forêt de Gastine*: pour Du Bartas comme pour
Ronsard —et pour Lucrèce avant eux—

> La matière demeure et la forme se perd,

dans un jeu de transformations continues qui offrent à l'imagination baroque un de ses thèmes de prédilection.

Car il ne faudrait pas croire qu'il s'agisse là uniquement d'une
croyance métaphysique. En fait, si la conception d'une nature
"immuable d'essence et muable de front" (II, 207) se retrouve si
souvent chez les poètes de l'époque,[11] c'est qu'elle s'accorde d'une
façon particulièrement intime avec une sensibilité, une vision
moins attentives à l'être qu'au devenir, au permanent qu'à l'éphémère.

En ce qui concerne Du Bartas, d'innombrables passages de la
Création du Monde le démontrent. L'auteur veut-il se définir lui-
même? Les images qui se présentent le plus volontiers sous sa
plume suggèrent immanquablement le mobile, le fuyant, le pré-
caire:

---

[11] Comme le prouvent les nombreux poèmes recueillis par Jean Rousset dans son *Anthologie de la poésie baroque française* autour du thème
de l'Inconstance (tome I, pp. 33-112). Sur la dette de Du Bartas envers
Lucrèce, voir surtout S. Fraisse, *L'Influence de Lucrèce en France au seizième siècle* (Paris: Nizet, 1962).

Je ressemble, incertain, à la feuille inconstante
Qui sur le faiste aigu d'un haut clocher s'esvante,
Qui n'est point à soy-même ains change aussi souvent
De place et de seigneur que l'air change de vent.

(II, 887-892)

Le début de l'Hymne de la Lune fait écho à la même hantise:

Que diray-je, o croissant,
De ton front inconstant, qui fait que je balance
Tantost ça tantost là d'une vaine inconstance?

(IV, 650-652)

Flottant, indécis, oscillant constamment d'une extrême à l'autre de son univers intérieur, il n'est pas surprenant de constater que lorsque son attention se porte enfin au dehors, c'est sur des phénomènes eux aussi transitoires qu'il s'attarde le plus longuement. On a remarqué depuis toujours la place de premier plan qu'occupent les descriptions dans la poésie de Du Bartas; ce qu'on n'a pas assez souligné, c'est qu'il s'agit dans la plupart des cas de descriptions pour ainsi dire "en mouvement". Plutôt que tel ou tel objet en lui-même, c'est le glissement d'une forme à une autre qui de préférence arrête son regard, et qu'il s'attache ensuite à décrire. La chose est si vraie, qu'un relevé tant soit peu systématique de ce genre de descriptions ne manquerait pas de prendre l'aspect d'un interminable catalogue. Quelques exemples, choisis presque au hasard, suffiront donc pour suggérer le dynamisme profond qui soulève à tout moment l'univers du poème.

Dans un des nombreux passages où les préoccupations scientifiques du poète cèdent le pas à la fantaisie la moins rationnelle —au milieu du "Second Jour" de la *Création du Monde*—, l'apparition soudaine de grenouilles après une forte pluie fournit à Du Bartas le prétexte d'esquisser (sous une forme il est vrai quelque peu rudimentaire...) l'ébauche d'une théorie de la génération spontanée. La présence de ces grenouilles, explique Du Bartas, serait dûe à leur formation à partir de "quelque poussier fecond" soulevé par le vent,

Ainsi que sur le bord d'une ondeuse campaigne,
Qui se fait de l'esgout d'une proche montaigne,
Le limon escumeux se transforme souvent

En un vert grenouillon qui formé du devant,
Non du derrière encor, dans la bourbe se joue
Moitié vif, moitié mort, moitié chair, moitié boue.

(II, 531-526)

Autant que la crédulité du poète —qui se contente, ici comme
ailleurs, de consigner le témoignage de tel ou tel auteur dont il
ne songe pas un instant à mettre en doute l'autorité— ce qui
frappe dans ces vers est la complaisance dans l'évocation de
formes intermédiaires, dans la description d'objets saisis au moment même de leur passage d'un état à un autre, et qui offrent
ainsi la meilleure illustration de cette intuition fondamentale des
métamorphoses de la matière sur laquelle repose le poème tout
entier.

Cette même volonté d'épouser dans leurs moindres circonvo-
lutions les divers aspects de l'univers extérieur explique l'insistance, à chaque détour de l'oeuvre, sur des phénomènes en
eux-mêmes insignifiants mais qui, parce qu'ils offrent au poète l'occasion de satisfaire son goût des formes changeantes, finissent par
prendre dans le poème une importance tout à fait inattendue.
N'est-ce pas à son pouvoir miraculeux de se transformer d'arbre
en oiseau que la "gravaigne" —une espèce d'oie sauvage— doit
le privilège de clore dignement le "Sixiesme Jour" de la *Première Sepmaine*?[12] Les métamorphoses du ver à soie (V, 885-
900), le Phénix renaissant perpétuellement de ses cendres (V, 551-
598), le caméléon assumant tour à tour les couleurs des objets
qui l'environnent, l'inextricable complexité des processus physio-
logiques [13] —cent autres phénomènes semblables doivent tous leur
présence dans l'oeuvre au prestige des transformations que le
vers du poète baroque enregistre fidèlement, et dont à l'occasion —comme dans ce passage sur le "primum mobile"— il reflète l'enchaînement dans sa structure même:

---

[12] VI, de 1047 jusqu'à la fin.

[13] Telles les transformations du sang et de la nourriture, qui

Par tout le corps humain courans diversement,
S'allongent ore en nerf, ore en os s'endurcissent,
S'estendent ore en veine, ore en chair s'amolissent,
Se font icy moelle, icy muscle, icy peau,
Pour rendre nostre corps et plus fort et plus beau.

(VI, 694-698)

Or ainsi que le vent fait tournoyer les voiles
D'un moulin equippé de sou-soufflantes toiles,
Des voiles la rondeur anime l'arbre ailé
L'arbre promeine en rond le rouet dentelé,
Le rouet la lanterne, et la lanterne vire
La pierre qui le grain en farine deschire;
… … … … … … … … … … … … … … … … … …
Ainsi le plus grand ciel, dans quatre fois six heures
Visitans des mortels les diverses demeures,
Par sa propre roideur emporte tous les cieux
Qui dorent l'univers des clers rais de leurs yeux,
Et les treine en un jour par sa vitesse estrange
Du Gange jusqu'au Tage, et puis du Tage au Gange.

(IV, 303-308 et 315-320)

Les métamorphoses de Satan essayant l'une après l'autre la forme
d'un cheval, d'un coq, d'un chien et d'un cerf, puis empruntant

Le plumage estoillé d'un pan ambitieux [14]

avant d'opter pour la figure d'un serpent dans sa tentative pour
séduire Eve; l'inconstance amoureuse de Laïs,

dont le volage amour
Voudroit changer d'ami cent mille fois le jour,
Et qui n'estant à peine encore deslacee
Des bras d'un jouvenceau, embrasse en sa pensee
L'embrassement d'un autre, et son nouveau plaisir
D'un plaisir plus nouveau luy cause le desir;

(II, 215-220)

les chassés-croisés qu'exécutent, dans une sorte de ballet cosmique, les marées assujetties aux caprices de la lune: [15] —il ne

---

[14] *Seconde Sepmaine*, "L'imposture", v. 108.
[15]

Et de fait sur nos bords on void monter Neptune,
Si tost qu'en nostre ciel on void monter la lune:
On le void refloter, soudain que le croissant
Par la pente du ciel vers l'Espagne descent.
Puis si tost que son front constant en inconstance
Dessus l'autre horizon reparoitre commence,
Il ressort en campagne, et quand son feu panchant
Passe l'autre midy, Neptun se va cachant.

(III, 181-188)

semble pas interdit de voir, dans toutes ces notations relevant d'une vision essentiellement dynamique, le même penchant pour l'arabesque et les contours serpentins qui mènera tel architecte du dix-septième siècle à multiplier fontaines et escaliers en spirale, ou à orner de festons et de volutes la façade et l'intérieur de l'église baroque.

Au demeurant, Du Bartas ne se contente pas d'accueillir dans son poème des images qui par leur nature même suggèrent l'ondulation et le mouvement. Pour symptomatique que soit le grand nombre de ces notations sinueuses, la présentation en mouvement de phénomènes en eux-mêmes statiques —ou qui tout au moins n'appellent pas nécessairement l'idée de mouvement— montre plus clairement encore ce parti pris de dynamisme que révèle à tout instant la lecture de son oeuvre. C'est ainsi que les signes du zodiaque, traditionnellement conçus comme figés et sans rapport les uns avec les autres, se trouvent entraînés dans une chevauchée qui participe elle aussi du tourbillon général qui emporte l'épopée:

Le traitre Scorpion, secondant la Balance,
Couvre de deux flambeaux le venin de sa pance,
Et, cruel, chaque jour par l'un et l'autre bout
Ses pestes vomiroit es membres de ce Tout,
Si l'Archer phyliride, homme et cheval ensemble,
Galopant par le ciel, qui sous ses ongles tremble,
Ne menaçoit tousjours de son trait enflammé
Les membres bluetans du signe envenimé;

Il n'est peut-être pas sans intérêt de constater la survivance chez Du Bartas, ainsi que chez ses contemporains, de la tournure qui consiste à faire suivre le verbe *aller* d'un participe présent. Utilisée en ancien français pour exprimer une action qui dure, vouée à disparaître bientôt de la langue après avoir cherché un dernier refuge dans la littérature burlesque du dix-septième siècle, cette forme périphrastique survit dans la langue poétique du seizième siècle, où elle traduit cette fois surtout la progression et le mouvement. La tournure finit même par connaître, à cette époque, une nouvelle vogue. Serait-il abusif, dans ces circonstances, de voir un lien entre ce phénomène d'ordre strictement linguistique, et le sentiment obsédant de la mobilité de l'univers, que la fin du seizième siècle porte précisément à son paroxysme? Cf. Ferdinand Brunot, *Histoire de la langue française des origines à 1900*, tome III (Paris: Armand Colin, 1909), pp. 337-338.

Or le chenu Centaure est, par tous lieux qu'il passe,
Tellement attentif à ceste unique chasse,
Que le chevreuil celeste esclatant tout de rais,
Talonne ce veneur sans redouter ses traits.
Cependant l'Eschanson sur ses clairs talons verse
De son estoillé vase une onde blonde-perse
Et fait (qui le croira?) naistre de ses flambeaux
Pour les suyvans Poissons un riche torrent d'eaux.
Les alterez nageurs courent vers ceste source,
Mais le fleuve à plis d'or s'enfuit devant leur course
Ainsi que les Poissons fuyent tousjours devant
Le celeste Belier qui les va poursuivant.

(IV, 239-258)

A la faveur d'un procédé essentiellement semblable, quelques pages plus loin, le catalogue d'animaux ailés créés au "Cinquiesme Jour" prendra la forme d'un immense cortège d'oiseaux, et c'est dans l'acte même de leur vol, à la suite du prestigieux Phénix, que Du Bartas tracera de chacun d'eux une mouvante esquisse.[16] Quelle que soit la nature des êtres et des choses qui viennent ainsi prendre place dans l'inventaire de la création, ce n'est pas immobiles ou au repos, mais bien dans le feu de l'activité qui leur est propre que les surprendra de préférence le regard du poète.

Mais c'est évidemment dans l'évocation de phénomènes aquatiques que se déploie avec la plus entière liberté une imagination éprise de mouvement. L'absence d'un relevé statistique des diverses images dans la *Création du Monde* rend impossible toute affirmation catégorique à cet égard: l'impression qui se dégage à la lecture suggère néanmoins que, des quatre éléments dont se compose l'univers créé, c'est l'eau qui assume ici le rôle prépondérant.[17] Du Bartas lui-même n'est d'ailleurs pas inconscient du pouvoir exceptionnel qu'exercent sur la démarche de son inspiration ces images aquatiques:

---

[16] Voir V. 599-778.

[17] L'eau, et l'univers aquatique en général, fournissent l'unique matière des 398 vers qui forment la première partie du "Troisiesme Jour". Le monde aquatique forme aussi le sujet des 538 premiers vers du cinquième chant.

> Mais voy comme la mer
> Me jette en mille mers, où je crains d'abysmer,
> Voy comme son desbord me desborde en parolles.
>
> (III, 215-217)

Une secrète affinité le conduit en effet à broder, avec une fougue plus abondante encore que de coutume, autour de ce qui touche au thème de l'eau.

Toute la fin du "Second Jour" et le début du troisième sont ainsi placés sous le signe de l'"onde azurée". Le retrait des eaux qui, pendant le Déluge, avaient recouvert la terre; la formation des océans et des mers; leurs ramifications subséquentes en fleuves, rivières, ruisseaux et fontaines: tout ce qui a trait à l'univers aquatique devient l'objet d'un long développement. Bien qu'assez peu significatifs en eux-mêmes —puisqu'ils répondent, pour l'essentiel, au dessein d'inclure dans le cadre de l'oeuvre la totalité des choses créées—, ces développements constituent néanmoins, par la forme qu'ils revêtent, une preuve de plus d'une imagination inévitablement portée vers la métamorphose et le mouvement.

En effet, l'impression de fluidité et de mouvement qui émane de ces pages a beau tenir pour une part à la nature même des phénomènes décrits, elle ne s'en trouve pas moins singulièrement renforcée par le caractère des digressions qui étoffent le thème principal, et dont la fonction semble être de dissoudre puis de recomposer, pour l'animer davantage encore, une matière déjà en elle-même fluide et mouvante. Intercalée dans un passage sur la formation des divers cours d'eau, la description du processus de l'évaporation fournit ainsi au poète un prétexte de plus à suivre dans tous leurs méandres les incessantes fluctuations de l'"humide élément":

> Car comme en l'alambic la braise soufletee
> Esleve une vapeur qui, peu à peu montee
> Au sommet du chapeau, et, moite, ne pouvant
> Sa flairante sueur faire aller plus avant,
> Mollement s'espaissit, puis tombant goutte à goutte
> Claire comme crystal dans le verre s'esgoutte;
> La plus subtile humeur qui flotte dans les mers
> Est des rais du soleil portee par les airs,

Qui la refond en eaux, et par routes diverses
Dans le sein maternel se joint aux ondes perses.

(III, 117-126)

La réabsorption subséquente de la vapeur par la terre lui of-
frira de même l'occasion de refaire, en sens inverse cette fois,
un itinéraire également sinueux:

Car la terre alteree ayant passé ces eaux
Par le rare tamis de ses cavez boyaux,
Luy fait voye à la fin, et des roches hautaines
Fait sourdre jour et nuit mille vives fontaines;

(III, 127-130)

Enfin —dernières métamorphoses— fontaines deviendront ruisseaux, ruisseaux se feront torrents, torrents s'élargiront en rivières
et rivières en océans, dans une configuration elle aussi sinueuse
et qui, à la façon de veines parcourant la surface d'un corps,
recouvrira de ses arabesques la surface du globe:

Voila donques comment la pesanteur de l'onde
Fit d'un oblique tour une isle de ce monde.
Car ainsi que le plomb que, bouillant, nous versons
Dessus un corps esgal, coule en maintes façons,
S'enfuit icy tout droit, là serpentant se joue,
Icy son corps divise, et dela se renoue,
De ses chauds ruisselets presque en mesme moment
Dessus l'uny tableau toutes formes formant,
Dieu respandit les flots sur la terre feconde
En figure quarree, oblique, large, ronde,
En pyramide, en croix, pour au milieu de l'eau
Rendre nostre univers et plus riche et plus beau.

(III, 69-80)

* * *

Comment ne pas voir, dans de tels passages, l'exact équivalent
poétique de cette fameuse *linea serpentinata* à l'aide de laquelle
le peintre baroque essaie, lui aussi, de saisir dans toute la mobilité de leurs contours les formes fuyantes qui le fascinent? De
même, comment ne pas voir un signe manifeste de cette fasci-

nation dans les vers qui évoquent directement les paysages aquatiques? Par l'évocation des eaux calmes

Des fleuves, des estangs, des lacs et des ruisseaux
(III, 219)

c'est dans la molle lenteur de ses ondulations que le poète tente
de cerner, comme à l'état pur, une des formes du mouvement.[18]
Quant à la mer, joignant la violence à la fluidité, elle figure dans
l'oeuvre la matière mouvante par excellence. "L'océan boult de
peur" avait écrit Du Bartas dans un passage du "Second Jour"
préfigurant le Jugement dernier:[19] cette même violence anime ici
encore un océan évoqué de préférence dans le fracas de ses tem-
pêtes, dans le flux et reflux de son "bouillonnant desbord". Perpétuellement changeant, emporté par une force motrice

Qui fait que tant soit peu jamais il ne sejourne
(III, 169)

le paysage marin apparaît dans ses incessants remous comme l'incarnation même des bouleversements qui agitent l'univers.

Mais plus encore que par sa présence comme éléments de
décor, c'est par sa fonction de métaphore que l'image de la mer
assume dans le poème toute son importance. Sans doute ici encore les données statistiques font-elles défaut, mais le fréquent
emploi de la métaphore marine, et cela dans les contextes les
plus divers, permet de constater l'emprise que cette image de
l'eau en mouvement exerce sur l'imagination de Du Bartas.[20]

---

[18] Il est cependant curieux de constater qu'un long catalogue de miracles remplace ici toute description proprement dite: comme si seul leur
caractère insolite pouvait rendre dignes d'un certain intérêt ces eaux figées
et paresseuses (III, 218-346).

[19] II, 677; l'hémistiche fournit à Gaston Bachelard une illustration particulièrement frappante du thème des "eaux violentes" auquel est consacré le chapitre VIII de L'eau et les rêves (p. 213).

[20] Toute tentative de déterminer la fréquence relative des métaphores
aquatiques nous eût entrainé trop loin de notre propos. Nous avons pu
constater, cependant, la fréquence absolue de ces images, qui reviennent
dans le poème selon le schéma suivant:
Premier Jour: vers 2, 55, 56, 76, 77, 81, 82, 83, 117, 141, 292, 294,
325, 328, 330, 331, 407, 434, 564, 586, 662. Au total, 21 fois.

La primauté de la métaphore aquatique s'affirme dès les tout premiers vers du "Premier Jour", dans l'invocation sur laquelle s'ouvre le poème :

> Toy qui guides le cours du ciel porte-flambeaux,
> Qui, vray Neptune, tiens le moite frein des eaux...
>
> (I, 1-2)

Cette apparition inattendue du Créateur sous les traits païens du Dieu de la mer n'est qu'un premier exemple d'un procédé constant. Par la suite, en effet, l'idée de Dieu appellera régulièrement celle de l'océan :

> Il fait de l'ocean de ses douces largesses
> Regorger, liberal, mille mers de richesses.
>
> (I, 55-56)

Parfois à peine esquissée, l'assimilation prêtera le plus souvent à des développements prolongés :

> Tout beau, Muse, tout beau, d'un si profond Neptune
> Ne sonde point le fond; garde-toy d'approcher
> Ce Charybde glouton, ce Capharé rocher
> Où mainte nef, suivant la raison pour son Ourse
> A fait triste naufrage au milieu de sa course.

Second Jour: vers 31, 33, 55, 65, 153, 208, 230, 270, 283, 340, 370, 414, 511, 521, 630, 660, 728, 783, 815, 957, 970, 997. *Au total, 22 fois.*

Troisiesme Jour: vers 10, 60, 62, 75, 86, 216, 217, 218, 226, 680, 784, 917. *Au total, 12 fois.*

Quatriesme Jour: vers 4, 67, 70, 116, 128, 135, 144, 188, 254, 335, 443, 493, 494, 512, 533, 545, 553, 569, 579, 649, 732, 738, 748. *Au total, 23 fois.*

Cinquiesme Jour: vers 20, 21, 50, 421, 512, 530, 532, 667. *Au total, 8 fois.*

Sixiesme Jour: vers 3, 15, 141, 284, 385, 440, 585, 619, 684, 713, 740, 872, 939, 1.042. *Au total, 14 fois.*

Septiesme Jour: vers 113, 128, 150, 175, 192, 193, 236, 263, 323, 351, 368, 373, 480, 517, 550, 589, 655, 713. *Au total, 18 fois.*

Le nombre relativement peu élevé de métaphores aquatiques dans le troisième et le cinquième chant s'explique lorsqu'on songe que tous deux sont consacrés en grande partie à l'évocation directe des eaux. La fréquence de ces métaphores partout ailleurs nous a paru une caractéristique digne d'être signalée.

Qui voudra seurement par ce gouffre ramer
Sage, n'aille jamais cingler en haute mer ;
Ains costoye la rive, ayant la Foi pour voile,
L'Esprit saint pour nocher, la Bible pour estoile.

(I, 76-84)

Que ce soit pour suggérer l'inépuisable munificence du Créateur ou l'insondable profondeur des mystères divins, la métaphore de l'océan surgit infailliblement à l'esprit du poète comme la représentation la plus naturelle de la notion d'*illimité*. C'est elle, à nouveau, qui permettra à Du Bartas d'évoquer dans la *Seconde Sepmaine* la perfection morale du successeur de Saül :

La mer dessus la mer vagueusement s'entasse,
S'entasse sur soy-mesme, et sa face couvrant,
Escumeuse, confond le nombre et le nombrant,
Tout ainsi quand je veux mettre en ligne de conte
Les vertus de David, le nombre me surmonte,
Ceste mer m'engloutit ...

(*Seconde Sepmaine*, "Les Trophées", 714-719)

Dans un contexte cette fois tout différent, c'est elle encore qui lui permettra de rendre sensible l'impression de vertige ressentie devant le spectacle de la capitale par un provincial qui l'aperçoit pour la première fois :

Il admire tantost les differents langages,
Les gestes, les habits, les moeurs, et les visages
Des hommes qui, rongez d'un bataillon de soins
Font d'un fluz et refluz ondoyer tous ses coins.

(*Seconde Sepmaine*, "Eden", 313-316)

Il n'est pas jusqu'à l'acte poétique lui-même qui ne soit assimilé à l'image de l'eau :

Que plustost je soy tel qu'un fleuve qui, naissant
D'un sterile rocher goutte à goutte descend ;
Mais tant plus vers Thetis il fuit loin de sa source,
Il enfle plus ses flots, prend force de sa course,
Fait rage de choquer, de bruire, d'escumer,
Et desdaigne, orgueilleux, la grandeur de la mer.

(*Seconde Sepmaine*, "L'Arche", 27-32)

Comme le montrent certains de ces passages, la métaphore marine peut n'être chez Du Bartas qu'un simple cliché à valeur d'hyperbole. Mais elle peut être aussi tout autre chose qu'un banal procédé de rhétorique. Souvent, en effet —et notamment dans la remarquable dissolution du paysage urbain en paysage aquatique dans l'avant-dernier exemple— c'est un véritable mode de vision, original et cohérent, qu'elle semble définir. Capable de dégager, de notions au premier abord on ne peut plus disparates, le double trait commun d'immensité et de mouvement qui les unit, elle témoigne d'une imagination toujours prête à réagir aux moindres signes de dynamisme, dans un univers auquel seule l'intervention miraculeuse d'un Dieu tout-puissant parvient à conférer un fond d'équilibre et de stabilité.[21]

B) *Faste et ostentation*

Ne voir autour de soi que métamorphoses et mouvement, n'est-ce pas déjà succomber aux pièges du paraître? Refuser au réel toute permanence, toute solidité, n'est-ce pas s'attacher surtout à la surface des choses, valorisant l'apparence au dépens de l'être, préférant le masque à la réalité qu'il cache? Aussi n'est-il pas surprenant de constater qu'au goût de l'éphémère et du fugitif s'ajoute, chez l'artiste de l'époque, cette autre composante de la sensibilité baroque qu'est le goût de l'ostentation. Comme l'écrit Jean Rousset: "dans un monde comparable à une vaste scène tournante, tout devient spectacle."[22] L'univers devient théâtre; le sentiment d'exister se confond avec celui de jouer un rôle. La nouvelle importance accordée au décor qui, subordonné jusque-là à sa fonction, "se libère et se prend à vivre pour lui-

---

21

> O grand Dieu! c'est ta main, c'est sans doute ta main
> Qui sert de pilotis au domicile humain,
> Car bien qu'il pende en l'air, bien qu'il nage sur l'onde,
> Bien que de toutes pars sa figure soit ronde,
> Qu'autour de luy tout tourne, et que ses fondements
> Soient sans cesse agitez de rudes mouvements,
> Il demeure immobile, à fin que sur sa face
> Puisse heberger en paix d'Adam la saincte race.

(III, 391-398)

[22] *La Littérature de l'âge baroque en France*, p. 230.

même," [23] n'est que le signe le plus extérieur d'une perspective toute esthétique sur le réel. Loin de se limiter, comme on serait tenté de le croire, à l'appréciation des formes visuelles ou plastiques, ce goût du décor finit par envahir tous les domaines de la conscience baroque: la morale elle-même devient décorative, à une époque où seul existe ce qui se voit.

* * *

Dans l'oeuvre littéraire, cette ostentation qui remplace la discrétion relative de la Renaissance prend les formes les plus variées. Pour Jean Rousset, elle se traduit par l'impuissance à distinguer entre le rêve et la vie, par le sentiment plus ou moins angoissé de se mouvoir dans un monde illusoire, où l'apparence fait figure de la seule réalité, où l'homme n'est rien de plus que l'image qu'il projette de lui-même. Pour Imbrie Buffum, cette même attitude s'exprimerait surtout, en poésie, par un effort constant vers la magnificence et l'effet théâtral.[24] Mais elle peut aussi, sur un plan sans doute plus superficiel quoiqu'également révélateur, se manifester tout simplement par une prolifération caractéristique du détail somptueux, et c'est sous cette forme que l'ostentation baroque apparaît le plus souvent dans la *Création du Monde*.

Il ne pouvait en effet être question, pour le poète chrétien qu'est Du Bartas, de réduire l'univers à un jeu d'apparences. Si, en tant que poète, il se laisse manifestement séduire par les surfaces chatoyantes des objets qui l'entourent, c'est parce qu'il y découvre, en tant que chrétien, la réalité transcendante dont elles sont le signe. Car l'univers sensible représente à ses yeux tout autre chose que cette dangereuse illusion que dénoncent autour de lui tant de prédicateurs de l'époque. Ce qui, pour ces derniers, risque de détourner de Dieu est précisément ce qui, dans l'optique de la *Création du Monde,* peut le mieux ramener à Lui. La découverte éblouie de la beauté du monde terrestre n'a pas encore cédé, chez Du Bartas, au sentiment de l'éphémère et de la vanité de tout. Plus proche à cet égard de la première

---

[23] *Op. cit.*, p. 219.
[24] *Agrippa d'Aubigné's "Les Tragiques"*, p. 45 et suivantes.

Renaissance, il tourne ici le dos au baroque dégrisé et sceptique qui ne voit dans l'univers des formes qu'apparence et illusion, pour affirmer au contraire la réalité, la solidité d'une création à laquelle il croit d'autant plus fermement qu'elle constitue pour lui la meilleure preuve de l'existence et de la perfection du Créateur.

Quant à la tentation de considérer la vie dans une perspective volontiers théâtrale, on ne peut dire qu'elle soit tout à fait absente de son oeuvre. Il existe même, dans la *Création du Monde*, un rapprochement explicite entre l'univers et le théâtre:

> Le monde est un théâtre, où de Dieu la puissance,
> La justice, l'amour, le sçavoir, la prudence,
> Jouent leur personnage, et comme à qui mieux mieux,
> Les esprits plus pesans ravissent sur les cieux.
>
> (I, 147-150)

La métaphore, on le voit, est celle-là même que reprendront à leur compte tant de poètes baroques, bien qu'elle illustre ici une conception diamétralement opposée de l'existence. Pour le poète ou le dramaturge baroque, l'assimilation de l'univers à un théâtre vise le plus souvent à alléger de son poids, à vider de sa réalité un monde auquel il a cessé de croire. Chez Du Bartas, au contraire, la création est le lieu même où s'incarnent tous les absolus. Mais il n'en reste pas moins que dans un passage comme celui-ci l'auteur rejoint bel et bien le baroque, ne fût-ce que dans sa tentative d'évoquer la vie en termes empruntés à l'art du théâtre.

Cette même perspective théâtrale, on la retrouve en outre dans la présentation d'innombrables scènes dont nous avons suggéré plus haut qu'elles répondaient surtout à un besoin d'animer, de peindre *en action*, mais où l'on peut voir aussi une manifestation du goût du déploiement spectaculaire. Le cortège d'oiseaux entourant le Phénix, les signes du zodiaque, le combat de l'éléphant et du rhinocéros: toutes ces scènes allient au mouvement qui les anime un sens très vif du dramatique et du théâtral.

Mais si, dans la *Création du Monde*, la métaphore théâtrale assume ainsi parfois une certaine importance, c'est surtout l'art du peintre qui offre au poète une des images-clé de son oeuvre. Au monde considéré comme *spectacle*, Du Bartas substitue l'image du monde comme *tableau*. Le développement le plus frappant à cet égard se situe tout au début du "Septiesme Jour", dans des vers qui assimilent le Créateur devant sa création à un peintre devant sa toile enfin achevée:

> Le peintre, qui, tirant un divers paysage,
> A mis en oeuvre l'art, la nature, et l'usage,
> Et qui d'un las pinceau sur si docte pourtrait
> A pour s'eternizer donné le dernier traict,
> Oublie ses travaux, rit d'aise en son courage,
> Et tient tousjours ses yeux collez sur son ouvrage.
>
> (VII, 1-6) [25]

Ailleurs aussi les tableaux jouent un rôle qui suggère chez le poète une prédilection marquée pour les arts visuels. Dans la tente d'Holopherne, des tentures

> où les habiles dois
> D'un rare tapissier avoient des rois medois
> Perses, et syriens, tiré toute l'histoire
>
> (*La Judit*, V, 133-135)

évoquent dans toute leur horreur les diverses formes de la corruption. Tout le quatrième chant du *Triomfe de la Foi* décrit dans leurs moindres détails les "grands tables" qui représentent, dans le défilé triomphal, les victoires les plus notables de la vertu théologale exaltée par le poète. Mais il ne s'agit là que des manifestations les plus superficielles de l'emprise qu'exerce la peinture sur l'imagination de Du Bartas. Partout dans la *Création du Monde* l'art du poète se confond avec celui du peintre.[26] Tout en soulignant le caractère descriptif des passages essentiels de l'oeuvre, l'emploi fréquent d'expressions telles que "le pinceau de mes vers", "le pinceau de ma grossière muse"[27] laisse

---

[25] La comparaison se développe jusqu'au vers 98.
[26] Et le poème avec le tableau:

> Mon livre, heureux tesmoin de mes heureuses veilles,
> Ne rougis de porter les mouches, les abeilles,
> Les papillons cornus, et cent mille autres vers,
> Peins sur ton blanc papier du crayon de mes vers.
>
> (V, 843-846)

[27] VI, 408 et VII, 46 respectivement. Cf. aussi:

> Sur ce rude tableau guide ma lourde main
> Où je tire si bien d'un pinceau non humain
> Le roy des animaux...   (V, 479-481)

pressentir une conception toute picturale de la poésie, que Du Bartas définira d'ailleurs lui-même comme une "parlante peinture".[28]

Intimement liée au penchant des baroques pour l'ornement,
cette notion de poésie-peinture aboutit chez Du Bartas à une
abondance à vrai dire inattendue de descriptions somptueuses.
Lui que révolte la moindre trace de luxe dans l'accoutrement
ou le train de vie n'hésite pas, lorsqu'est en jeu la perfection
de son poème, à multiplier les notations les plus propres à lui
conférer une auréole de faste et de brillant. Telle semble être
en effet l'unique fonction d'une grande partie des images qu'on
retrouve dans l'oeuvre. Ainsi le paon, qui symbolisera partout
ailleurs dans la poésie baroque l'orgueil et l'ostentation, n'est
ici le plus souvent qu'un prétexte à l'évocation complaisante de
détails fastueux:

> Là le paon estoillé, magnifiquement brave,
> Piaphard, arrogant, d'une démarche grave
> Fait parade, en rouant, des clairs rais de ses yeux.
>
> (V, 831-833)

En tant qu'élément de la création, l'oiseau se définit encore par
ses caractéristiques morales; en tant qu'image, sa présence dans
l'oeuvre a pour seul but de créer une impression de richesse et
d'éclat. C'est le cas, notamment, de cette description allégorique
de la Foi, où le parti-pris d'ornementation est d'autant plus frappant que l'image choisie pour sa valeur décorative s'accorde
somme toute assez mal avec la notion qu'elle est censée mettre
en relief:

> Son corps qui la beauté des plus beaux corps efface
> Est ainsi qu'un paon richement semé d'yeux,
> Qui malgré l'air épais et les voutes des cieux
> Regardent clairement le Seigneur face à face.
>
> (*Le Triomphe de la Foi*, chant I, 45-48)

> Mains, qui de corps humain tracez la pourtraiture...
>
> (VI, 623)

Les exemples abondent.

[28] *Brief Advertissement sur sa première et seconde Sepmaine*, tome I
p. 220.

Il en est de même de ce passage particulièrement admiré de Simon Goulart et "auquel seul (à en croire le commentateur), si
toutes les rimes d'infinis rimailleurs français sont rapportés, elles
se trouveront vuides de toute grace": [29]

> Comme un paon, qui navré du piqueron d'amour,
> Veut faire, piafard, à sa dame la cour,
> Tasche estaller en rond les thresors de ses aisles
> Peinturees d'azur, marquetees d'estoilles,
> Rouant tout à l'entour d'un craquetant cerceau,
> A fin que son beau corps paroisse encore plus beau,
> Le firmament, atteint d'une pareille flamme,
> Desploye tous ses biens, rode autour de sa dame,
> Tend son rideau d'azur, de jaune tavelé,
> Houpé de flocons d'or, d'ardans yeux piolé,
> Pommelé haut et bas de flambantes rouelles,
> Moucheté de clers feux, et parsemé d'estoilles,
> Pour faire que la terre aille plus ardamment
> Recevoir le doux fruit de son embrassement.

> (IV, 171-184)

Une trentaine d'années plus tard, ces vers seront à l'origine d'un
épisode particulièrement marquant de ce qu'on a pu appeler "la
querelle de la métaphore", lorque Deimier reprochera à la suite
d'images qui les composent leur incohérence, leur "bassesse" et
leur "oisiveté".[30] "Marquetees d'estoilles", "de jaune tavelé",
"houpéde flocons d'or", "d'ardans yeux piolé", "pommelé... de
flambantes rouelles", "moucheté de clers feux, et parsemé d'estoilles": de même qu'elles choquaient les malherbiens, les sept
expressions presque identiques qui suggèrent la splendeur d'un
ciel étoilé risquent de susciter chez le lecteur d'aujourd'hui un
sentiment très différent de l'admiration dont témoigne le commentaire de Goulart. Et sans doute trouverait-on difficilement,
dans toute la poésie française, des développements qui s'attardent
aussi longuement, avec une aussi patiente monotonie, autour
d'une seule et même image.[31] Mais ces sept notations conjuguées

---

[29] Simon Goulart, commentaire de la *Premiere Sepmaine* (éd. 1588,
pour Jacques Chovët), p. 298.

[30] Jean Rousset, *L'Intérieur et l'extérieur*, pp. 60-61.

[31] Un passage antérieur sur la création des étoiles avait déjà amorcé,
dans des termes à peu près identiques, cette orgie de lumière et d'éclat.
Cf. IV, 55-66.

de couleur et de feu, qui visent à l'intensité par le simple procédé de la répétition et de l'entassement, n'offrent-elles pas, dans
leur maladresse même, un exemple particulièrement frappant de
l'élaboration et de la surcharge baroques?

Les motifs de l'or, de l'azur, de la lumière étincelante reviennent d'ailleurs avec une fréquence obsédante dans les descriptions
des splendeurs de l'univers. Bien que son "premier lustre" fût
terni par le péché originel, la terre fournit encore

> assez ample argument
> Pour celebrer l'auteur d'un si riche ornement,
>
> (III, 531-2)

et c'est cette richesse que s'efforce de rendre sensible une suite
de tableaux où l'imagination transfigure constamment les données du réel ou de la tradition dans le sens du fastueux et du
grandiose. La "riche ceinture de nature" que forme l'ensemble
des signes du zodiaque deviendra ainsi, sous la plume du poète,

> Ce cercle, honneur du ciel, ce baudrier orangé,
> Chamarré de rubis, de fil d'argent frangé,
> Bouclé de bagues d'or...
>
> (IV, 199-201)

Dans l'épisode de l'*Enfance du Monde* intitulé "La Loy", la séparation des eaux de la mer Rouge révélera de même, aux yeux
éblouis du lecteur,

> un vallon pavé de sable d'or,
> D'esclats d'un luisant nacre, et de perles encor,
> Et flanqué des deux parts d'une longue muraille
> De rocher de crystal...
>
> (*Seconde Sepmaine*, "La Loy", 623-6)

L'évocation du Jourdain sous la figure mythologique d'un "roy
des eaux" n'est qu'un prétexte de plus pour laisser libre cours
à une imagination irrésistiblement portée vers le somptueux:

> Un grand antre, basty d'un verre martelé,
> Logeoit lors le Jourdain; son lambris undelé
> Fut par les doctes mains des Naïades ses filles
> Marqueté de rubis, de perles, de coquilles
>
> (*Seconde Sepmaine*, "Les Capitaines", 89-92)

Ce motif des pierreries, des joyaux trouve en outre des prolongements dans un emploi curieusement fréquent —au propre comme au figuré— du verbe *dorer*. Tout ainsi que le soleil levant

Redore chaque jour, or l'un, or l'autre monde,

(II, 470)

l'apparition nocturne des étoiles transforme le ciel noir en "*doré firmament*" (II, 1036). Ces étoiles étant par ailleurs autant d'ornements dont se pare le créateur, le poète pourra dire d'elles qu'elles *dorent* le front céleste (II, 962). D'autre part —et ceci est moins banal— l'or "*dore* les vertus" (III, 773) en ce qu'il fait ressortir, chez l'homme triomphant des tentations matérielles, le meilleur de lui-même. Ces vertus, à leur tour, *dorent* l'esprit dont elles sont la plus riche parure (IV, 234): aussi Du Bartas pourra-t-il évoquer, à propos de la sagesse de Salomon, "un sçavoir plus qu'humain" qui "*dore* ses actions" (*Seconde Sepmaine*, "La Magnificence", 334-335). Quant aux "carmes des Muses", comment en suggérer la beauté sinon en disant d'eux qu'ils sont "plus dorez que l'or" (IV, 27)?

Venant renforcer le goût déjà noté pour la description picturale, cette propension pour les formes richement colorées explique sans doute aussi la présence d'un certain nombre de développements plus ou moins gratuits, que rien ne semble appeler sinon le plaisir d'"illuminer" le poème d'éclatantes arabesques. Parmi les morceaux de bravoure de ce genre, l'évocation des figures que dessine l'éclair sur un ciel d'orage est particulièrement remarquable:

Un clocher tout en feu de nuict icy flamboye,
Icy le fier dragon à replis d'or ardoye,
Icy le clair flambeau, icy le traict volant,
La lance, le chevron, le javelot bruslant
S'esclattent en rayons, et la chevre, paree
De grands houpes de feu, sous la voute etheree
Bondit par-cy par-là. Un astre estincelant
Menace en autre part d'un crin presque sanglant
De gresle les bouviers, les pasteurs de pillage,
Les citoyens d'esmeute, et les nochers d'orage.

(II, 629-638)

Quelques vers plus loin, les miroitements de la lune et du soleil, multipliés et se réflétant de nuage en nuage, donneront lieu à une description "impressionniste" de l'arc-en-ciel qui témoigne de la même fascination pour le jeu éblouissant des lumières et des couleurs:

> Mais quand, vers son declin, du soleil le visage
> Flamboye vis à vis d'un humide nuage
> Qui ne peut soustenir l'eau dont il est enceint,
> Plus long temps dans le flanc sa claire force il peint
> Dessus l'humide nue, et d'un pinceau bisarre,
> La courbeure d'un arc sur nos testes bigarre,
> Car l'opposé nuage et qui premier reçoit
> Les Traits de cest archer, les repoussant [32] tout droit
> Sur la nue voisine, et son teint divers mesle
> Avec l'or esclatant d'une torche si belle.
>
> (II, 717-726)

La comparaison qui fait suite à cette observation évoque avec une égale insistance ces mêmes phénomènes d'optique. Tout au long du poème, une sensibilité de peintre poussera ainsi Du Bartas à s'attarder aux notations somptueusement colorées, à barioler du pinceau de ses vers une matière dont le brillant révèle, sous sa forme la plus tangible, la magnificence du Créateur. De là chez le poète cette hâte de consigner, dans son inventaire des choses créées, les manifestations les plus éloquentes du faste universel —manifestations accueillies avec d'autant plus d'empressement qu'elles prêtent un peu de leur éclat à l'oeuvre qui leur sert d'écrin:

> Il me plaist seulement que pour ce coup mon livre
> S'orne de vermeillon, de mercure et de cuivre,
> ... ...
> Il me plaist d'enchasser dans l'or de mon ouvrage
> Un crystal qui rapporte au vif chaque visage,
> L'agathe à mille noms, l'amethiste pourpré,
> Le riche diamant, l'opale bigarré,
> La cassidoine encore de beaux cerceaux couverte,

---

[32] Il s'agit sans doute d'une mauvaise lecture: la syntaxe exige évidemment "repousse".

L'imprimante sardoine, et l'esmeraude verte,
Le topaze peu dur, le carboncle enflammé:

(III, 753-763)

il n'est pas jusqu'aux plus beaux vers du poème qui n'apparaissent comme autant de pierres précieuses,[33] et l'oeuvre dans son ensemble comme un étincelant joyau, serti de tous ces autres joyaux que sont, aux yeux du poète, chacun des éléments de la Création.

C) *Horreur et insolite*

Mais l'imagination baroque ne transfigure pas le réel uniquement dans le sens de l'éclatant et du somptueux. La laideur, l'insolite et la violence colorent eux aussi l'univers quotidien de la Renaissance à son déclin, avant de colorer à son tour l'univers imaginaire des oeuvres d'art de l'époque. La recherche de la beauté, la prédilection pour le faste et la magnificence semblent céder le pas, peu à peu, au dégoût et à l'angoisse devant le spectacle d'un monde menacé, pour donner lieu, dans le domaine de l'art, à une esthétique de la violence et de l'horreur.

Partout présente dans les arts figuratifs, cette esthétique envahit avec une égale intensité le champ de la littérature, avant d'atteindre son apogée dans ce qui est déjà un premier "théâtre de la cruauté". A l'imitation du drame élisabéthain —à l'imitation aussi de la vie dont il se veut le miroir—, le théâtre français de la fin du seizième siècle et du début du siècle suivant fait une place de plus en plus grande au macabre et au brutal. Les scènes jonchées de cadavres écartelés, l'évocation des supplices et des formes les plus violentes de la mort prouvent qu'une véritable vague de brutalité déferle sur le théâtre baroque. Mais ce déchaînement de violence ne soulève pas seulement la littérature dramatique. Des *Discours* aux *Tragiques,* la poésie engagée se fait l'écho des massacres des guerres civiles. Avec les *Derniers vers*

---

[33]

Et comme le mortier colle la glaspite,
Le porphire, le jaspe, et le marbre, et l'ophite,
Pour lier mes discours bien souvent j'entremets
Des vers lasches, clochans, rudes et mal limez.

(*Seconde Sepmaine,* "La Magnificence", 35-38)

de Ronsard, avec les douze poignants sonnets que Sponde consacre à la mort, la poésie lyrique n'échappe pas, elle non plus,
à l'emprise du morbide:

> Le lieu de mon repos est une chambre peinte
> De mil os blanchissants et de testes de morts:[34]

à partir du *Printemps* de D'Aubigné, la poésie amoureuse elle-
même substituera un paysage funèbre au paysage le plus souvent
serein qui formait jusqu'alors l'arrière-fond des épanchements sen-
timentaux.

* * *

"En ce qui est hideux je cherche mon confort":[35] alliant le
goût du paradoxe à l'obsession du morbide, toute la littérature de
l'époque pourrait porter comme en exergue cet aveu d'une nouvelle forme de sensibilité. Sensibilité originale, en effet, sinon tout
à fait par rapport au moyen âge qui précède, du moins par rapport
au pré-classicisme de la Renaissance et du classicisme qui suivra.
Car s'il est évident, ainsi qu'on le concède de plus en plus volontiers, que la littérature de l'âge classique n'aura méconnu, malgré
son parti-pris d'équilibre et de sérénité, aucun des aspects tragiques de la condition humaine, il n'en est pas moins vrai que
ceux-ci n'auront acquis droit de cité dans le cadre d'une oeuvre
classique qu'une fois passés, pour ainsi dire, au filtre du langage.

Boileau lui-même, lorsqu'il note que

> D'un pinceau délicat l'artifice agréable
> Du plus affreux objet fait un objet aimable[36]

semble admettre qu'une oeuvre puisse rester fidèle aux normes
de sa poétique tout en se permettant des incursions dans les ré-
gions de l'inquiétant, voire du monstrueux, pourvu que leur représentation fût atténuée, qu'elle fût rendue comme acceptable
par la délicatesse de l'expression. De même, lorsqu'un peu plus

---

[34] D'Aubigné, "Stances", *Oeuvres complètes*, tome III, p. 69.
[35] *Ibid.*, p. 70.
[36] Boileau, *Art poétique*, chant III, 3-4.

loin dans son *Art poétique* Boileau esquisse les règles auxquelles devra se conformer la tragédie classique, il ne lui interdit aucune des émotions qui définissent depuis Aristote le genre tragique. Elle suscitera la terreur, elle peindra la fureur des passions, elle excitera la pitié; mais la terreur sera "douce", la fureur "agréable", la pitié "charmante":[37] tous les éléments de la tragédie antique seront là, mais épurés de tout ce qui aurait pu choquer la sensibilité du spectateur, de tout ce qui aurait risqué de déroger au code rigoureux des bienséances.

Or le baroque, —et c'est là un de ses traits les plus marquants— dédaigne de se plier à ces exigences du bon goût. Loin de la ménager, il s'efforce au contraire d'ébranler la sensibilité. Non content de faire à l'insolite et au brutal la part privilégiée que nous venons de constater, il poussera l'audace jusqu'à les évoquer dans toute leur intensité, sans leur ôter quoi que ce soit de leur pouvoir de choc.

C'est peut-être dans l'expression du thème de la mort que cette originalité apparaît dans tout son relief. Soulevant le voile dont l'avait recouvert la pudeur d'une Renaissance nourrie de paganisme antique, la poésie lyrique de la période baroque semble rendre à la mort son visage à la fois le plus physique et le plus terrifiant. Chez Sponde l'image de la vermine rongeant les restes d'une "orde charongne", chez Ronsard le frisson d'horreur devant un corps décharné manifestement voué à une décomposition imminente: les évocations les plus morbides du Symbolisme le plus décadent trouvent déjà dans la poésie du seizième siècle finissant comme une première ébauche de leurs excès.[38] Mais c'est sans doute la poésie politique de D'Aubigné qui, avec le théâtre de

---

[37] *Ibid.*, chant III, 17-19. Il va sans dire que ni les tragédies de Racine ni, sur un autre plan, les *Pensées* de Pascal ou les *Sermons* de Bossuet, ne répondent à la définition d'un tel classicisme.

[38] Cf., chez Sponde, tout particulièrement le onzième des sonnets sur la mort (p. 243 de l'édition Boase et Ruchon), et surtout les six sonnets des *Derniers vers* de Ronsard, publiés au début du tome VI de l'édition Laumonier. La représentation de la mort dans la littérature baroque n'a fait jusqu'ici l'objet d'aucun travail d'envergure. Les dernières pages d'une thèse d'Edelgard Dubruck, intitulée *The Theme of Death in French Poetry of the Middle Ages and the Renaissance* (The Hague: Mouton et Co., 1964) sont consacrées à l'étude de ce thème chez quelques poètes de la fin du seizième siècle. La conclusion de ces pages confirme la conclusion que suggère une connaissance même sommaire des textes les plus connus.

l'époque, fournit l'exemple le plus saisissant d'un réalisme que sa prédilection pour le détail macabre n'est pas sans rapprocher du réalisme du moyen âge à son déclin. Tout en dénonçant avec indignation le carnage auquel se livre autour de lui une France tragiquement divisée, tout en jetant l'anathème sur les agents des sanglantes répressions dont fut victime au cours de l'Histoire la longue suite des martyrs protestants, *Les Tragiques* s'attardent avec une complaisance qui parfois frôle le sadisme, à la peinture de la violence et de la cruauté. D'un bout à l'autre de l'interminable catalogue d'atrocités qui compose le livre des *Misères*, D'Aubigné multiplie ainsi comme à plaisir les scènes d'horreurs auxquelles une rhétorique appropriée parvient à conserver toute leur puissance de suggestion. Et lorsqu'à ces tableaux des désordres humains vient s'ajouter, dans la vision apocalyptique des derniers livres, la préfiguration des désordres à l'échelle colossale —Jugement Dernier, résurrection des morts, destruction ultime du cosmos—, le poème s'anime d'une frénésie quasi démoniaque, et finit par apparaître comme le prototype même d'une poésie calculée pour susciter avant tout le dégoût et l'effroi.

* * *

Devant l'intensité d'une telle explosion de violence et d'horreur, force est de constater que l'oeuvre de Du Bartas reste dans son ensemble assez étrangère aux recherches les plus extrêmes auxquelles se soit livrée dans ce domaine la littérature baroque. Le fait n'a d'ailleurs pas de quoi surprendre, si l'on songe à tout ce qui, dans la personnalité du poète aussi bien que dans ses convictions littéraires et religieuses, devait favoriser au contraire en lui l'exaltation fervente de l'ordre et de la beauté. Plus proche d'un Montaigne que d'un D'Aubigné ou d'un Monluc, Du Bartas semble porté par son tempérament d'humaniste et de croyant au calme de la contemplation et de la tolérance; et le message définitif qui se dégage de son poème —message de conciliation sur le plan politique et, sur le plan religieux, d'admiration reconnaissante devant la beauté de l'univers— semblerait exclure d'emblée toute intrusion du bizarre ou du violent. Mais force est de constater aussi que tel n'est pas tout à fait le cas, et qu'il n'est pas difficile de retrouver dans son oeuvre, quelque intermittentes qu'elles fussent, des marques d'un attrait certes paradoxal mais qu'on ne saurait nier, pour toute la gamme des phénomènes qui, du bizarre à l'horrible, sollicitent l'imagination baroque.

Chez Du Bartas cet attrait se manifeste tout d'abord, dans sa forme la moins accusée, par l'importance qu'il accorde dans ses poèmes aux aspects les plus insolites de la Création. Tout phénomène allant à l'encontre de l'ordre naturel, toute perspective curieuse sur le réel trouvent aussitôt place dans l'oeuvre. Tableaux imaginaires d'un monde bouleversé sens dessus dessous par les effets du Déluge; notion, puisée chez Pline et longuement développée, d'un univers aquatique qui ne serait qu'un fidèle reflet de l'univers terrestre; pouvoirs miraculeux de certaines eaux, vertus médicinales des plantes, moeurs incongrues des animaux :[39] l'alliance du vrai et de l'invraisemblable agit sur Du Bartas avec une puissance exceptionnelle. Albert-Marie Schmidt, dans sa *Poésie scientifique en France au XVIe siècle*, regrettait chez le poète de la *Création du Monde* la soumission de la science à la morale et à la religion; à ces deux écrans que Du Bartas dresse si souvent entre lui et la réalité dont il prétend rendre compte, on pourrait ajouter encore ce penchant pour l'insolite qui lui fait prêter foi à tant de légendes auxquelles ses prédécesseurs même les moins avertis avaient cessé de croire.[40]

Cette recherche de l'insolite ne se limite d'ailleurs pas aux manifestations physiques du monde extérieur. L'intérêt particulier que Du Bartas porte, ici et là dans ses poèmes, aux états les plus troubles de la conscience, montre qu'elle s'étend aussi à la sphère du comportement psychologique. Déjà dans *La Judit*, l'ivresse d'Holoferne avait fourni au poète le prétexte d'esquisser, non sans une certaine habileté, les visions fantastiques d'un cerveau aviné :

> Jà le lit s'environne, et jà mille bourdons
> Lui bruyent dans l'oreille, et mille clairs brandons
> Luisent devant ses yeux; il voit des Minotaures...
> (La Judit, VI, 97-99)

---

[39] Voir, respectivement : II, 1105 et vers suivants; V, 35-106; III, 223-346; III, 543-674; V, 185-420 et VI, de 1025 à la fin.

[40] C'est ainsi que Du Bartas tiendra à inclure dans son bestiaire toute une série d'animaux légendaires que Pierre Belon, chez qui il semble avoir puisé une bonne part de sa documentation dans ce domaine, considérait déjà comme fabuleux (Cf. V, 670-704).

Dans un passage de la *Création du Monde,* des préoccupations de même ordre expliquent cette évocation d'un homme en proie à un rêve tourmenté:

> Suant, tremblant, ronflant, à son aide il appelle
> Sa femme et ses enfans, mais son sein, qui pantele,
> Estouffe sa parole…
>
> (V, 251-253)

De là sans doute aussi la fréquence avec laquelle apparaît dans l'oeuvre la métaphore de l'homme tremblant de fièvre,[41] ainsi que les longues digressions sur les maladies susceptibles d'ébranler l'organisme lorsque se trouve compromis le parfait équilibre des humeurs:

> Ainsi le trop de feu cause une fièvre ardente
> Qui nous haste le pouls, qui la langue pesante
> Nous surcharge de crasse, et qui dans le cerveau
> Nous peint fantasquement d'un innocent pinceau
> Tout autant de pourtraits qu'en forme la nature…
>
> (II, 129-133)

Ailleurs encore, les effets de la peur sont notés avec une égale précision:

> Mon sang se fige tout, mon estomach à peine,
> Pressé de froids glaçons, pousse hors son haleine,
> Mes os tremblent de peur, mon triste corps frémit,
> Mon poil en haut se dresse, et ma face blesmit,
> Et jà devant mes yeux, comme il me semble, nage
> D'une cruelle mort l'espouvantable image.
>
> (VI, 137-142)

L'attention que le poète ne cesse d'accorder ici au désordre peut apparaître en elle-même comme une des formes de l'angoisse dans laquelle se complaît toute la littérature de l'époque. Mais pour baroques qu'ils puissent être par leur contenu, de tels passages le sont surtout par la forme qu'y revêt l'obsession du bizarre et de l'inquiétant. Ne fût-ce que par le souci du détail saisissant, ces textes se rattachent manifestement —et de très

---

[41] Voir notamment III, 121-136 et 161-165.

près— au courant de la littérature baroque par le réalisme brutal qui les caractérise, et dont l'oeuvre de Du Bartas est loin, comme on le voit, d'être totalement dépourvue.

Par certaines de ses manifestations, ce réalisme renvoie encore à un moyen âge où l'allégorie et la description la plus minutieuse traduisaient, dans leur coexistence, la complexité d'une vision à la fois concrète et abstraite de la réalité. Il en est ainsi de cette personnification de la Faim, tirée de la *Seconde Sepmaine* et qui n'eût pas détonné dans l'ensemble des allégories peintes sur les murs extérieurs du jardin dans le *Roman de la Rose* : [42]

> Son noir cuir est percé des poinctes de ses os,
> Elle baille tousjours, l'oeil au crane lui touche,
> Et l'une à l'autre joue. On void dedans sa bouche
> Jaunir ses claircs dents, et les vuides boyaux
> Paroissent à travers les rides de ses peaux.
>
> ("Les Furies", 244-248)

Le plus souvent, cependant, l'aspect clinique de ces observations vise uniquement à recréer dans toute leur intensité les spectacles violents qui ensanglantent la Création. Latent encore dans les exemples qui précèdent, le goût du détail brutal s'épanouit, comme on pouvait s'y attendre, dans les descriptions des horreurs de la guerre. Puisant tout d'abord aux sources bibliques, il trouve une de ses toute premières expressions dans *La Judit* :

> L'un tout haché de coups encore un peu pantele,
> Et la mort trop tardive en vain cent fois appele :
> L'autre grinssant les dens, sur son front plein d'horreur,
> Mort, porte peinte encore sa vivante fureur.
>
> (VI, 283-286)

---

[42] On pourrait d'ailleurs en dire autant des autres personnifications qu'on retrouve dans la littérature de la fin du seizième siècle, notamment dans le domaine de la poésie engagée; cf. "l'idole de la France" dans la *Continuation du discours des misères de ce temps* (*Oeuvres complètes*, tome V, p. 345-348, v. 303-366), et la figure de la "mère affligée" qui symbolise chez d'Aubigné une France déchirée par les querelles intestines (*Les Tragiques, Oeuvres complètes*, tome IV, p. 32-33, v. 97-130). Le procédé est si fréquemment emprunté, et parfois avec un tel bonheur, qu'on est porté à y voir, malgré ses origines nettement médiévales, un trait caractéristique de la littérature baroque.

Ce coup d'oeil jeté sur le massacre après la défaite des armées d'Holoferne, l'énumération fascinée des atrocités auxquelles se livre, sur la tête du tyran offerte à sa vengeance, le peuple hébreu victorieux, restituent dans toute son horreur l'atmosphère de cauchemar dans laquelle baigne la dernière partie du poème. Plus tard, dans la *Seconde Sepmaine*, c'est encore dans l'Ancien Testament que Du Bartas cherchera l'inspiration des pages violentes sur la punition des Sodomites (fin de "La Vocation") ou la colère de Samson écrasant les Philistins sous les débris du temple : [43]

> L'un entre deux carreaux ayant le chef froissé,
> Rend la cervelle ainsi qu'un fromage pressé
> Jette le petit lait...
>
> ("Les Capitaines", 783-785)

Enchérissant ainsi sur la Bible, ces hardiesses —d'une efficacité il est vrai parfois douteuse— tentent manifestament de rejoindre dans leurs excès les formes les plus expressives du macabre. Mais c'est peut-être l'indignation devant les abus contemporains qui appelle sous la plume du poète engagé les images les plus brutales, la fougue verbale la plus déchaînée :

> Nostre siècle est, de vrai, une cloaque infecte,
> Un très puant egout, où des siècles passés
> Tous les vices se sont ensemble ramassés,
> Et dont l'orde vapeur le ciel mesme infecte.
>
> (*Triomphe de la Foi*, IV, 140-143)

Dépassant en violence le zèle quelque peu apprêté des *Discours*, les évocations des conflits religieux atteignent ainsi, dans la *Création du Monde*, une puissance parfois digne des *Tragiques* :

> Ton sang est ta boisson, ta faim ne se repaist
> Que de ta propre chair...
>
> (II, 831-832)

Seules les évocations des bouleversements cosmiques, moins macabres sans doute mais d'une plus grande ampleur, parvien-

---

[43] Tout l'épisode des Capitaines n'est en fait qu'une succession ininterrompue de scènes de carnage.

nent à créer avec autant d'intensité le climat angoissé où se meut
si volontiers la poésie d'appartenance baroque. La description du
chaos primitif (I, 223-258), l'évocation du Déluge (II, 1071-1140),
la menace de la fin du monde constituent sans doute, à cet
égard, les réussites les moins contestées :

> Un jour de comble-en-fond les rochers crousleront,
> Les monts plus sourcilleux de peur se dissoudront,
> Le Ciel se crevera, les plus basses campagnes,
> Boursoufflees, croistront en superbes montagnes ;
> Les fleuves tariront, et si dans quelqu'estang
> Reste encore quelque flot, ce ne sera que sang ;
> La mer deviendra flame, et les seches balenes
> Horribles, mugleront sur les cuites arenes ;
> En son midy plus clair le jour s'espaissira,
> Le ciel d'un fer rouillé sa face voilera.
> Sur les astres plus clairs courra le bleu Neptune,
> Phoebus s'emparera du noir char de la lune ;
> Les estoiles cherront.
>
> > (I, 353-365)

Véritables points de rencontre des diverses tendances baroques,
de tels passages marquent aussi les moments les plus réussis de
l'oeuvre —moments où, joignant au penchant pour l'horrible un
goût prononcé pour le grandiose et le colossal, le poète se hausse
avec un minimum de défaillances jusqu'aux sommets de la grande
poésie.

D) *Le sublime et le familier*

Le choc émotif que cherche à provoquer l'oeuvre baroque
s'explique le plus souvent par la nature même de son contenu.
Ainsi, à la lecture des vers cités dans les pages qui précèdent,
l'émerveillement ou l'horreur naissent spontanément du spectacle
d'un univers dont le poète a choisi de souligner tour à tour le
côté fastueux ou brutal. Mais, autant que d'un fond en lui-même
expressif, ce choc peut naître des artifices de la présentation. Des
rapprochements inattendus, un vocabulaire déconcertant, de
brusques changements de ton ou de style peuvent favoriser eux
aussi, et cela avec une égale efficacité, l'étonnement du spectateur ou du lecteur.

De ces procédés liés à la forme plutôt qu'au fond de l'oeuvre, le plus remarquable est sans doute le mélange, si fréquent dans la *Création du Monde,* du sublime et du familier. Le passage constant de l'un à l'autre de ces deux plans a de tout temps retenu l'attention. C'est autour de lui que se cristallisent, dès la parution du poème, les reproches de maladresse ou de mauvais goût adressés à l'auteur. C'est à lui que pensait déjà Du Perron lorsqu'il condamnait chez Du Bartas une prédilection trop accusée pour "les plus sales métaphores".[44] Aux yeux d'une certaine critique il continue d'apparaître, même aujourd'hui, comme le défaut peut-être le plus irritant de l'oeuvre.

Avant de prendre parti dans cette querelle esthétique, constatons tout d'abord le bien-fondé de l'observation sur laquelle elle repose. Il ne saurait en effet être question de nier, ni même de minimiser l'importance d'un procédé qu'on retrouve avec une régularité frappante tout au long du poème. Mais plutôt que l'admiration ou le refus, le phénomène appelle surtout une explication. Peut-on se contenter, devant l'emploi systématique d'un procédé aussi peu commun, de conclure comme on l'a fait généralement jusqu'ici, à une simple défaillance du goût? Ce qui apparaît au premier abord comme une maladresse ne se justifierait-il pas, après analyse, par quelque exigence interne?

Lorsqu'on examine la question d'un peu près, une première évidence s'impose : les passages qui offrent les exemples les plus frappants de cette coexistence du sublime et du familier sont ceux où le poète tente de donner corps, pour ainsi dire, à sa conception du surnaturel. De ces passages, le plus notoire est sans doute l'extrait du "Septiesme Jour" où, son oeuvre terminée, un Dieu étonnamment humanisé savoure les délices de sa Création :

> Or' son nez à longs traicts odore une grand'plaine
>
> (VII, 81)

> Son oreille or' se plaist de la mignarde noise
> Que le peuple volant par les forests desgoise
>
> (VII, 85-86)

---

[44] Voir plus haut, p. 24.

Et bref, l'oreille, l'oeil, le nez du Tout-puissant
En son oeuvre n'oit rien, rien ne void, rien ne sent,
Qui ne presche son los, où ne luise sa face,
Qui n'espande par tout les odeurs de sa grace.

(VII, 91-94)

Les yeux, passe encore; l'oreille, à la rigueur... Le nez, lui a fait
crier au blasphème. En fait, une chasse minutieuse aux images
familières révèle des rapprochements encore plus audacieux. Dans
les vers du "Premier Jour" qui préparent le lecteur au miracle
de la Genése, un Dieu qui s'apprête à donner forme au chaos
du "premier monde" est tout d'abord assimilé —décemment, si
l'on songe au respect de la Renaissance pour la littérature— à
l'écrivain mûrissant dans l'exaltation la genèse de son futur chef-
d'oeuvre :

    Ainsi qu'un bon esprit, qui grave sur l'autel
De la docte memoire un ouvrage immortel,
En troupe, en table, au lict, tout jour pour tout jour vivre,
Discourt sur son discours, et nage sur son livre;
Ainsi l'Esprit de Dieu sembloit, en s'esbatant,
Nager par le dessus de cest amas flottant.

(I, 289-294)

Mais dans la *Création du Monde,* comme dans toute autre oeuvre
baroque, le besoin de faire voir se satisfait rarement d'une seule
image. Aussi deux vers plus loin, dans une nouvelle tentative
ayant pour but de rendre sensible la sollicitude du Créateur pour
l'univers prêt à surgir du chaos primitif, Du Bartas ornera-t-il
son poème d'une de ses comparaisons les plus déconcertantes :

    Ou bien comme l'oiseau qui tasche rendre vifs
Et ses oeufs naturels et ses oeufs adoptifs,
Se tient couché sur eux, et d'une chaleur vive,
Fait qu'un rond jaune-blanc en un poulet s'avive;
D'une mesme façon l'Esprit de l'Eternel
Sembloit couver ce goufre, et d'un soin paternel
Verser en chasque part une vertu feconde,
Pour d'un si lourd amas extraire un si beau monde.

(I, 297-304)

Nulle part sans doute la distance ne sera plus grande entre le
sublime de l'idée et le familier de l'image qui la suggère. Prince

magnanime, juge équitable, architecte ingénieux ou simple
ouvrier: les figures sous lesquelles Dieu apparaît le plus souvent dans le poème participent généralement d'un grotesque
moins appuyé. Mais un passage comme celui que l'on vient de
citer n'est guère exceptionnel. Tout au plus manifeste-t-il sous
une forme particulièrement accusée un principe qui —de même
nature sinon de même degré— sous-tend la plupart des allusions
au Créateur. Qu'elles relèvent du règne animal ou de la gamme
des conditions sociales et des métiers, les images obéissent toutes
à un même dessein: celui d'aider le lecteur à imaginer ce qui
échappe aux sens aussi bien qu'à l'esprit, en l'assimilant à ce
qu'il y a de plus familier —de plus trivial parfois— dans son
expérience la plus immédiate.

Au reste, le surnaturel n'est pas seul à être évoqué au moyen
d'un tel procédé. Tout comme son contenu religieux, le contenu
scientifique de l'oeuvre est mis en relief par des juxtapositions
du sublime et du quotidien. Il est même remarquable jusqu'à
quel point, ici et là, les formes les plus extrêmes du procédé
se font pendant. Pas plus qu'il n'avait hésité à puiser dans la
réalité la plus triviale les images destinées à illustrer sa conception du Créateur, Du Bartas n'hésite à le faire lorsqu'il s'agit
de mettre en vers les grandes lignes de sa cosmologie. C'est ainsi
que l'image d'un Dieu "couvant" sa création trouve son prolon-
gement pour ainsi dire naturel dans le passage suivant, où la
structure d'un oeuf fournit au poète l'illustration de sa théorie
des cieux concentriques:

> Car les cieux ne sont pas ensemble entrelassez,
> Ains estans les plus bas des plus hauts embrassez,
> Ils vont estrecissant la rondeur de leur ventre
> Selon que plus ou moins ils approchent du centre
> Comme la peau des oeufs sous la coque, et de rang
> Le blanc dessous la peau, le moyeu sous le blanc.
>
> (IV, 297-302)

Ici encore, bien entendu, nous sommes en présence d'un cas
extrême. Plus banales, la plupart des comparaisons qui illustrent
les lois générales gouvernant l'univers renvoient aux domaines
familiers de la réalité politique ou sociale. La supériorité du soleil sur les autres planètes est celle-là même dont jouit un prince

par rapport à ses vassaux (IV, 519-530). Le profit que tire la lune de son voisinage avec le soleil n'est pas sans faire penser à celui que peut offrir au moins favorisé des deux partenaires un mariage avantageux:

> Car comme la grandeur du mari rend illustre
> La femme de bas lieu, tout de mesme le lustre
> Du chaleureux Titan esclaircit de ses rais
> Ton front, qui de soy-mesme est sombrement espais.
>
> (IV, 659-662)

Les passages qui esquissent les rudiments d'une physique participent eux aussi d'une démarche en tous points identique. Dans les corps composés, l'élément dominant règne tantôt en souverain éclairé, tantôt en despote (II, 91-99); les quatre éléments qui constituent l'univers de la matière sont rangés par Dieu en un ordre semblable à celui que forment autour du monarque ses divers sujets (II, 843-852). Mais tout en respectant cette hiérarchie immuable qui les sépare les uns des autres en couches superposées et distinctes, ils n'en restent pas moins unis par certaines affinités réciproques; aussi forment-ils "la chaîne de ce Tout", dans une sorte de ballet cosmique, à la manière de

> pastourelles
> Qui, d'un pied trepignant, foulent les fleurs nouvelles,
> Et mariant leurs bonds au son du chalumeau,
> Gayes, balent en rond sous les bras d'un ormeau ...
>
> (II, 309-312)

❋ ❋ ❋

Multiplier les exemples serait aisé mais ne prouverait qu'une chose: c'est que tous les passages scientifiques, qu'ils aient trait à la météorologie, à la botanique, à la zoologie ou à telle autre parmi les diverses sciences dont le poème est l'encyclopédie, reposent sur un même procédé dont il convient maintenant de définir la nature ainsi que la portée.

Précisons tout d'abord que ce procédé n'a rien de commun avec le burlesque auquel on a parfois voulu l'assimiler. Sainte-Beuve, Pellissier, et après eux les éditeurs contemporains de Du Bartas ont prétendu découvrir tout au long de son oeuvre des "traits burlesques" particulièrement malvenus dans le cadre d'une épopée à sujet religieux. Mais il semble bien qu'on soit en présence, ici, d'un malentendu favorisé dans une large mesure par l'évolution de la langue depuis le seizième siècle. Lorsqu'au début du "Quatriesme Jour", sollicitant l'aide du Ciel, Du Bartas demande à Dieu de lui servir de "cocher" dans son survol de la Création,[45] les termes "coche" et "char" ont pour lui, ainsi que pour ses contemporains, une connotation identique. Lorsqu'il évoque un peu plus loin un printemps "attifé de verdure" (IV, 607), c'est sans la moindre ironie : "attifé" est pour lui synonyme d'"orné". De même "piper", employé dans un vers sur les ruses de Satan (I, 598), représente chez Du Bartas ce qu'il représente si souvent chez Montaigne, ou chez Estienne Pasquier dans un contexte analogue [46] : l'équivalent exact de "tromper" ou "séduire". Quant à appeler "bourgeois de l'Eden estoilé" (*Seconde Sepmaine*, "L'Imposture", 12) les anges du Ciel, est-ce vraiment tomber dans le "*bas style* in such a lofty connection"? [47] Il est permis d'en douter, puisqu'il faudrait alors imputer la même intention comique à quelques-uns des esprits religieux les plus graves du siècle.[48] Rien n'empêche, après cela, de trouver "burlesque" un tel vocabulaire, mais à condition d'admettre qu'il ne l'était nullement à une époque où un grand nombre de termes, dévalorisés depuis, étaient encore libres des nuances qu'on est tenté de leur prêter aujourd'hui.

---

[45]

Veuille estre mon cocher, fay qu'aujourd'hui mon cours
Accompagne le char de l'astre enfante-jours.

(IV, 7-8)

[46] "Le diable se transforme assez souvent en l'ange de Dieu pour nous piper", *Recherches de la France*, VI, 5. Commentant l'emploi du mot chez Du Bartas, les éditeurs de la *Création du Monde* croient y déceler une origine argotique (*Complete Works of Du Bartas*, Tome III, p. 33).

[47] *Ibid.*, p. 26.

[48] Cf. "[Saint Paul] dit que desja nous sommes bourgeois du ciel, estant assez ès lieux celestes avec nostre Seigneur Jesus" (Calvin, *Instruction contre les Ana-baptistes*, VII, 122), ainsi que ces vers de D'Aubigné où "... les Bourgeois celestes / Ne lisent qu'aux rayons de la face de Dieu" (*Les Tragiques*, IV, 229). Ces deux citations, de même que celle de Pasquier, sont tirées du *Dictionnaire de la langue française du seizième siècle* d'Edmond Huguet (Paris : E. Champion, 1925-).

Tout dessein à proprement parler burlesque étant donc a écarter, comment expliquer la nature du lien qui rattache, dans chacun des exemples cités, ce que pour simplifier nous avons appelé le "sublime" et le "familier"? [49]

De toute évidence, c'est le recours à une autre démarche particulièrement caractéristique de l'imagination baroque qui permet, une fois de plus, de rendre compte des procédés de création poétique chez Du Bartas. Un rapprochement s'impose, en effet, entre le procédé qui nous occupe et l'emploi si fréquent, chez l'écrivain baroque, de ce qu'on a pu appeler "the diminishing metaphor". [50] Le propre de cette métaphore, comme le suggère l'expression, est de rabaisser, d'amoindrir, et elle y parvient le plus souvent en assimilant les phénomènes naturels aux divers aspects de l'activité humaine. [51] Mais il lui arrive aussi, par une démarche essentiellement semblable, de faire subir cette diminution non seulement à la nature mais au surnaturel lui-même, en ramenant ce dernier au naturel, puis à l'humain, dans une série de transformations visant à réduire tout ce qui transcende l'expérience humaine à ce qui en constitue le fond le plus familier.

Eclairant, comme elle le fait, l'inconnaissable par le connu, cette "métaphore amoindrissante" se distingue tout d'abord par une vertu pédagogique que ne pouvait méconnaître un art dont nous avons suggéré qu'il se définit dans une large mesure par son souci de propagande. Douée, par ailleurs, d'une valeur de choc due au renversement des rapports habituels entre ce qu'elle évoque et ce à quoi elle assimile l'objet évoqué, [52] elle permet en

---

[49] Il va sans dire que ces termes sont approximatifs. Une loi de physique n'appartient que de loin à la sphère du "sublime"; l'image des vassaux assemblés autour de leur souverain est plus éloignée encore du familier. Seuls les cas-limite relèvent de ces domaines dans un sens absolu. Mais les éléments juxtaposés dans les métaphores et les comparaisons de la *Création du Monde* ont beau ne pas toujours s'inscrire dans les champs respectifs du sublime et du familier: tous n'en tendent pas moins à se rapprocher de ces deux extrêmes.

[50] Wellek, R. and Warren, A., *Theory of Literature* (New York: Harcourt, Brace and World, 2nd edition, 1956), p. 188.

[51] Ibid., *loc. cit.*

[52] On a vu Du Bartas comparer le firmament à un paon faisant la roue. Il est intéressant de remarquer que la plupart des poètes qui reprendront l'image retourneront la comparaison en assimilant la queue du paon à un

outre à l'artiste de tisser un réseau de liens aussi étroits qu'in-attendus entre les trois ordres du divin, de la nature et de l'homme. Rien de moins surprenant, dans ces conditions, que l'adoption à l'époque baroque d'un procédé rhétorico-poétique proscrit, certes, par toute esthétique d'appartenance classique, mais parfaitement adapté, en revanche, à la sensibilité baroque dont il est une des formes d'expression les plus caractéristiques.

Or c'est précisement en la rapprochant de ce type de mé-taphore qu'on parvient à donner sa pleine signification à l'alter-nance, dans la *Création du Monde,* du sublime et du familier. Tout comme dans la métaphore amoindrissante, le rapport en-tre ces deux extrêmes est ici analogique. De plus —et c'est là sans doute l'essentiel—, dans l'un et l'autre cas le procédé est à sens unique : le grandiose se trouve ramené au trivial sans qu'on puisse invoquer un seul exemple d'une démarche en sens inverse. Mais là ne s'arrêtent pas les ressemblances. Analogue dans sa structure aussi bien que dans sa fonction, le procédé que nous étudions dans la *Création du Monde* se confond encore avec la métaphore amoindrissante par une prédilection commune pour le concret. Rien ne le montre mieux, chez Du Bartas, que son fréquent emploi de la métaphore, ou plus exactement de la com-paraison prolongée ; celle qui assimile tour à tour le mouvement des sphères au mécanisme d'un moulin à vent, puis à celui d'une horloge pourra, à cet égard, servir d'exemple :

> Or ainsi que le vent fait tournoyer les voiles
> D'un moulin équippé de sou-souflantes toiles,
> Des voiles la rondeur anime l'arbre ailé,
> L'arbre promeine en rond le rouet dentelé,
> Le rouet la lanterne, et la lanterne vire
> La pierre qui le grain en farine deschire ;
> Et tout ainsi qu'on void en l'horloge tendu
> Qu'un juste contrepois justement suspendu
> Esmeut la grande roue, et qu'encore elle agite
> Par ses tours mainte roue et moyenne et petite,
> Le branslant balancier, et le fer martelant,
> Les deux fois douze parts du vray jour esgalant.
> Ainsi le plus grand ciel, dans quatre fois six heures

ciel étoilé. Cf. Jean Rousset, *Anthologie de la poésie baroque,* tome II, p. 289.

Visitans des mortels les diverses demeures,
Par sa prompte roideur emporte tous les cieux,
Qui dorent l'univers des clairs rais de leurs yeux,
Et les treine en un jour par sa vitesse estrange
Du Gange jusqu'au Tage, et puis du Tage au Gange.

(IV, 303-20)

Le dessein pédagogique est ici évident, qui consiste à donner une expression sensible à une théorie scientifique d'une certaine complexité; mais la tendance à renforcer ainsi une comparaison par une autre, à les développer ensuite comme pour elles-mêmes et non plus en fonction de l'idée qu'elles sont censées illustrer dénote bien aussi une imagination fascinée par le concret — fascination sur laquelle Marcel Raymond attirait déjà l'attention,[53] et qui apparaît aujourd'hui à certains comme une des constantes du baroque littéraire.

Il n'est peut-être pas sans intérêt de noter à cet égard que cette tendance à tout ramener au concret poussera Du Bartas jusqu'à franchir, à plus d'une reprise, la limite assurément étroite qui sépare le sensible du sensuel. Sous sa forme la plus frappante, ce penchant se manifestera même par quelques notations franchement sexuelles. C'est ainsi que le poète n'hésitera pas à assimiler l'acte de la création à celui de la procréation ("L'Eternel / Engrosse sans travail nostre mere feconde", I, 198-9). Ailleurs, certains phénomènes météorologiques seront évoqués à la faveur d'un rapprochement de même ordre:

Le ciel, bruslant d'amour, verse mainte rousee
Dans l'amarry fecond de sa chere espousee

(II, 185-7)

Les rapports entre le ciel et les divers éléments (II, 355-64), les propriétés de la vigne (III, 509-10), celles de l'aimant (III, 799-801), les éclipses de la lune (IV, 667-72) ainsi que la première rencontre d'Adam et Eve (VI, 977-86) appelleront eux aussi des variations sur cette même image. A tout prendre, les audaces de Du Bartas dans ce domaine resteront sans doute en-deçà de

---

[53] Voir plus haut, pp. 32-33.

ce qu'on peut constater chez d'autres poètes de l'époque.[54] Mais leur présence n'en est pas moins curieusement révélatrice, sous la plume d'un poète qui prétend signer

> Des vers que sans rougir la vierge puisse lire
> (II, 30)

à une époque dont il est le premier à dénoncer l'impudeur.

Chez Du Bartas, en effet, de tels procédés sont d'autant plus inattendus qu'ils vont, dans la mesure où ils touchent au spirituel, à l'encontre de la tradition protestante qu'il croit perpétuer. En exprimant le sublime par toutes les nuances du familier, en suggérant l'intangible par des images puisées dans la réalité la plus concrète et la plus quotidienne, Du Bartas pense certes pratiquer une poétique étroitement accordée à sa théologie. Où trouver démarche plus appropriée, en effet, pour glorifier un Dieu qui a choisi de se faire connaître par l'intermédiaire de sa Création? Mais les convictions personnelles du poète se heurtent ici à quelques-unes des tendances les plus fondamentales du protestantisme. Cet effort pour faire sentir, par une évocation émerveillée de l'univers des choses, l'inconcevable grandeur du Créateur s'oppose en effet à l'esprit d'une religion hostile à une telle voie vers Dieu. Se méfiant des images considérées comme sacrilèges, dénonçant le caractère sensuel du rituel catholique, la Réforme leur substitue une attitude d'austérité qui présuppose chez l'homme une appréhension au contraire tout abstraite du divin. Aussi l'étude de l'importance que Du Bartas accorde au familier et au concret mène-t-elle à considérer son poème comme une création essentiellement paradoxale. Mais ce paradoxe, rappelons-le en guise de conclusion, sous-tend non seulement la *Création du Monde* mais tout l'ensemble de la poésie calviniste de l'époque. D'Aubigné notamment, mais aussi Sponde et toute la troupe des poètes huguenots mineurs de la fin du seizième siècle, révèlent dans leurs oeuvres cette même tension entre une poétique du sensible et une religion de la transcendance. On a pu un moment se prévaloir de cette dichotomie pour nier la pos-

---

[54] Cf. par exemple, dans les *Etudes sur le XVIe siècle* d'Albert Marie Schmidt (Paris: Albin Michel, 1967) les articles intitulés "La poésie baroque protestante" et "Eros baroque".

sibilité d'un baroque protestant. Les oeuvres sont là pourtant, la
Création du Monde en tête, pour témoigner d'une forme de sensibilité qui, par-delà les différences d'ordre religieux, réconcilie
protestants et catholiques dans leur adhésion à l'esthétique baroque des dernières années du siècle.

Une rhétorique de la surprise

Dans les chapitres qui précèdent, la présence de certaines
images —mouvantes, somptueuses ou curieusement familières—
était considérée comme le signe d'une prédilection marquée pour
un groupe de thèmes, ou tout au moins de motifs, dont l'ensemble paraissait définir une forme particulière d'imagination
poétique. On pourrait prétendre, cependant, que ce n'est pas le
mouvement en soi, le somptueux en soi, le familier en soi qui
intéressent le poète. Les métaphores aquatiques, lapidaires ou
triviales pourraient fort bien n'être, en dernier lieu, qu'autant
d'ornements du discours, dont le choix s'expliquerait moins par
le goût de certaines images que par la recherche de certains
effets. Autrement dit, ce que nous avons appelé des "motifs"
seraient susceptibles d'être étudiés, dans cette nouvelle optique,
comme autant de procédés de cette rhétorique de l'étonnement
qu'est la rhétorique baroque.

Ce parti pris d'étonner, on a pu déjà le constater dans la
place qu'occupent chez Du Bartas les aspects de la création les
plus propres à susciter en eux-mêmes, par leur caractère insolite,
le plaisir de la surprise. D'autre part, —et cela aussi on l'a noté
au passage— ce plaisir se trouve souvent accru, dans *La Création
du Monde*, par une présentation volontiers dramatique, ou encore par les innombrables interventions du poète, dont la fonction essentielle est de donner un relief supplémentaire aux épisodes particulièrement destinés à provoquer l'étonnement. Les
images dont nous venons de parler n'occuperaient-elles pas, dans
le poème, une fonction semblable? Couvrir d'un manteau cha-
toyant et luxueux une réalité en elle-même souvent terne, juxta-
poser brutalement le sublime et le familier, découvrir partout le
mouvement et la métamorphose dans un univers en apparence
stable, c'est certes obéir, plus ou moins obscurément, aux

impératifs d'une sensibilité donnée. Mais n'est-ce pas aussi utiliser les ressources du langage dans l'intention, mariniste avant la lettre, de faire naître l'admiration?

Il semble exister, en effet, dans certains exemples particulièrement représentatifs de la littérature baroque, une tendance qui consiste à ramener à des procédés de rhétorique non seulement tout le réseau d'images dont l'écrivain auréole la réalité qu'il décrit, mais encore cette réalité même. Cette impression générale, que suggère la lecture de tant d'oeuvres de l'époque, est corroborée par l'une des très rares études consacrées jusqu'ici à ce phénomène. L'article en question, publié par Gérard Genette dans ses *Figures*,[56] est d'un interêt d'autant plus immédiat qu'il se fonde sur l'analyse d'un ouvrage très proche par son esprit du poème de Du Bartas. Il s'agit en l'occurence de l'*Essais des Merveilles de Nature et des plus nobles artifices*, d'Etienne Binet. Paru en 1621, et donc postérieur d'une quarantaine d'années à la *Création du Monde*, l'essai est néanmoins lui aussi une de ces encyclopédies dévotes qui se proposent de glorifier le Créateur á travers sa Création. Or, comme le souligne le critique, cette justification de l'univers est d'ordre avant tout rhétorique; si la Création s'y trouve exaltée, c'est moins en elle-même qu'en tant que vaste réservoir de métaphores étonnantes:

> "L'expérience vous montrera que c'est ici une riche car-
> rière toute pleine d'or et de Diamants, d'où vous pou-
> vez puiser ce qui rendra vos propres tons confits au sucre
> de mille douceurs, qui feront couler vos paroles au fond
> du coeur de vos Auditeurs".[57]

Un tel esthétisme n'est évidemment pas sans rappeler l'attitude que Du Bartas laisse entrevoir ici et là dans son poème. On pense notamment à ces vers déjà cités, où le poète considère les objets qu'il décrit comme autant d'enluminures dont il pare son texte:

> Il me plaist d'enchasser dans l'or de mon ouvrage
> Un crystal qui rapporte au vif chaque visage,

---

[56] Gérard Genette, "Mots et merveilles", *Figures* (Paris: Editions du Seuil, 1966).

[57] "Au lecteur" du ch. XLVI, cité dans *Figures*, p. 173.

L'agathe à mille noms, l'amethiste pourpré,
Le riche diamant, l'opale bigarré...

(III, 757-760)

Tout comme dans l'*Essai des Merveilles de Nature,* la réalité
aussi bien que l'image qui l'exprime tendent à se dissoudre en
ornements du discours, destinés —comme c'est si souvent le cas
dans une oeuvre baroque— à faire crier à la merveille.

Ces remarques, qu'on serait tenté d'appliquer à la totalité
des images dans la *Création du Monde,* s'imposent avec une
force toute particulière lorsqu'on songe à l'importance accordée
à la périphrase dans l'ensemble des figures de style utilisées par
le poète. S'il est vrai, comme on l'a prétendu,[58] que pour tous
les écrivains de l'époque la perfection du bien-dire aura consisté
à ne pas nommer les choses par leur nom, nulle oeuvre n'est à
cet égard plus caractéristique que le poème de Du Bartas, où
les éléments de la Création se cachent sans cesse sous le masque
des mots. Le blé n'est pas le blé : c'est "l'honneur bigarré de la
plaine velue" (I, 528) ou bien, avec une simplicité toute relative,
"les cheveux de la plaine" (IV, 628). La mer n'est pas la mer :
c'est tantôt "la campagne humide" (III, 838), tantôt "les champs
flottans" (III, 11), ailleurs encore "les plaines poissonneuses" (IV,
109). Les poissons, réciproquement, sont "les bourgeois de la
plaine liquide" (IV, 70), alors que le soleil —"oeil du monde"
(I, 455) ou "roy des flambeaux" (III, 207)— n'est que le plus
prestigieux de ces "clous qui brillent dans les cieux" (IV, 55),
de ces "medailles brillantes" (IV, 137), de ces "torches celestes"
(IV, 424) qui désignent l'ensemble des étoiles. Par surcroît, tout
comme les métaphores, ces périphrases plus ou moins burlesques
vont rarement seules; elles se groupent volontiers en séries,
comme dans ces vers qui font allusion tour à tour à la terre, aux
oiseaux, aux poissons et aux vagues de la mer :

le sec element

Ses propres animaux ne nourrist seulement,
Ains, qui plus est, encor du laict de ses mammelles,
Repaist du ciel flottant les escadres isnelles,

---

[58] Voir entre autres Jean Rousset, *La littérature de l'âge baroque,* p. 187.

Et les ventres gloutons des troupeaux escaillez
Qui fendent les seillons des royaumes salez...

(II, 315-320)

ou bien encore dans cette invocation à la lune, où c'est le même
objet, cette fois, qui donne lieu à une longue succession d'allusions indirectes :

O le second honneur des celestes chandelles,
Asseuré calendrier des fastes eternelles,
Princesse de la mer, flambeau guide-passant,
Conduy-somme, aime-paix, que dirai-je, o croissant,
De ton front inconstant qui fait que je balance
Tantost ça, tantost là d'une vaine inconstance?

(IV, 647-651)

Un très grand nombre des métaphores de la *Création du Monde*
s'organisent, on l'a vu, autour de certains motifs obsédants. Les
périphrases, par contre, sont empruntées à des domaines si divers
qu'il est impossible de leur assigner une fonction thématique
quelconque. Manifestement dénuées de toute valeur explicative,
elles sont en outre étrangères, par leur caractère souvent trivial, à
ces allusions savantes préconisées par *La Deffense et illustration de la langue francoyse,* et dont chacune, en tant que "ves-
tige de rare et antique erudition" devait rehausser de son éclat
l'oeuvre de la future Pléiade.[59] Leur seule raison d'être est d'offrir à Du Bartas l'occasion de dissimuler ce qu'il chante sous un
voile d'allusions plus ou moins obscures.

La périphrase, en effet, déguise ici plus qu'elle ne révèle.
Elle donne surtout à deviner, alliant au goût des rapprochements
ingénieux un léger penchant pour la mystification.

Ces mêmes particularités, on les retrouve sous une forme
encore plus appuyée dans certains passages pseudo-descriptifs,
où une présentation toute en trompe-l'oeil tente de restituer
l'ambiguïté de prétendues illusions d'optique :

Las! quel monstre est cecy, qui sur son dos fait bruire
Une forest de dards? fier, qui sans corde tire
Tant de traicts en un coup? de qui les rudes flancs

---

[59] Du Bellay, *Deffense et illustration de la langue françoyse,* p. 209.

Sont couverts d'aiguillons, armez d'aspres serancs,
Herissez de poinçons qui tousjours rejettonnent,
Et qui s'il est besoin, à toute heure redonnent
Une fresche bataille?

(VI, 293-299)

L'abondance des notations concrètes laisserait croire à une esquisse précise et détaillée. Or il est curieux de constater au contraire jusqu'où va l'effort pour favoriser l'équivoque, et ne révéler
que le plus tard possible, sous l'armure du "monstre" en apparence gigantesque et terrifiant... un simple hérisson. Les trois
points d'interrogation qui ponctuent le texte; l'emploi de "herissez", d'autant plus déconcertant qu'on est porté à lui assigner
une valeur de métaphore, alors que c'est précisément le seul mot
auquel le poète ait laissé son sens propre; la série d'enjambements, dont l'effet est de retarder davantage encore le moment
de la découverte: tout contribue à donner à ce qui se veut une
description l'aspect d'une charade.

Au demeurant, ce genre d'énigmes ne représente que l'aboutissement d'une tendance plus générale. L'excès de recherche
qu'on retrouve à la base de tels exercices constitue en effet un
des traits les plus constants d'un art qui prétend capter l'attention
par l'inattendu de ses trouvailles. La série des blasons du corps
humain qui forme la plus grande partie du "Sixiesme Jour" fournit à cet égard quelques exemples caractéristiques. Voici notamment la bouche, laborieusement assimilée à un instrument à
cordes :

Par toy, nous fredonnons du Tout-puissant l'honneur,
Nostre langue est l'archet, nostre esprit le sonneur,
Nos dents les nerfs battus, le creux de nos narines
Le creux de l'instrument d'où ces ondes divines
Prennent leur plus bel air, et d'un piteux accent
Desrobent peu à peu la foudre au Tout-puissant.

(VI, 591-596)

puis les oreilles, dont la physiologie est suggérée par des rapprochements relevant des domaines les plus divers :

Mais en quel membre humain luisent plus de merveilles
Qu'aux conduits tortueux des jumelles oreilles,
Portieres de l'esprit, escoutes de nos corps,

Vrais juges des accents, huissieres des thresors
Dont Dieu nous enrichit lors que dans son escole
Ses saincts ambassadeurs nous portent sa parole?
Et d'autant que tout son semble tousjours monter,
Le Tout-puissant voulut les oreilles planter
Au haut du bastiment, ainsi qu'en deux garites
Coquillant leurs canaux, si que les voix, conduites
Par les obliques plis de ses deux limaçons,
Tousjours de plus en plus en allongent leurs sons,
Comme l'air de la trompe ou de la saquebute
Dure plus que celuy qui passe par la flute,
Ou tout ainsi qu'un bruit s'estend par les destours
D'un escarté vallon, ou court avec le cours
D'un fleuve serpentant, ou, rompu, se redouble,
Passant entre les dents de quelque roche double.

(VI, 597-614)

L'agilité des membres, la compléxité sinueuse du cerveau, le coeur, les poumons: toute l'anatomie de l'homme aussi bien que la structure de son univers mental sont exaltés de même avec un déploiement d'ingéniosité plus ou moins bien venu,[60] mais fidèle jusque dans ses excès à l'idéal mariniste d'une poésie de l'émerveillement. "Chi non sa far stupir vada alla striglia":[61] la définition du poète, que Marino donnera plus tard en ces termes, ne convient-elle pas déjà à l'auteur de ces vers dans lesquels Arion, monté sur son dauphin, parvient à l'aide d'une prière à calmer l'océan en furie:

La mer à ceste voix sa rage sursoya,
Le ciel, noirci devant, tout son front baloya,
Et les vents, attentifs à si douces merveilles,
Changerent tout soudain leurs bouches en oreilles.

(V, 517-520)

ou bien encore de cet extrait de l'épisode du Deluge:

L'esturgeon costoyant les cymes des chasteaux
S'esmerveille de voir tant de toits sous les eaux

(II, 1103-1104)

---

[60] D'une part l'assimilation de l'estomac à "un cuisiner parfait" (VI, 677); de l'autre, la belle image de l'esprit luisant "à travers la lanterne du corps" (VI, 934).

[61] Cité dans Mario Praz, *The Flaming Heart* (Garden City, N. Y.: Doubleday and Company, 1958).

annonçant déjà la curiosité que Saint-Amant prêtera aux poissons dans un passage sans doute plus célèbre mais non pas plus extravagant?

* * *

Comme dans toute autre oeuvre d'appartenance baroque, cet abus des périphrases, cette préciosité dans le choix des images se doublent, dans la *Création du Monde*, d'un jeu verbal qui relève lui aussi, et de plus près encore, d'une rhétorique de la surprise. Sans rivaliser avec les audaces dans lesquelles se sont complu les amateurs les plus zélés des jeux de mots et d'esprit, Du Bartas est indéniablement porté, malgré le sérieux de son propos, à ajouter à l'émerveillement des images et des choses celui que peut susciter un déploiement concerté de fantaisie verbale. A l'exception du calembour proprement dit, auquel il n'accorde qu'une place minime dans son oeuvre,[63] l'auteur de la *Création du Monde* s'y livre déjà à tous les jeux de langage qui constitueront l'essentiel de la rhétorique baroque.[64]

Le plus simple, et peut-être le plus fréquent de ces jeux est la répétition des mêmes termes, ou de termes de sonorité voisine, à des intervalles très rapprochés. Les trouvailles les plus heureuses dans ce domaine sont bien entendu celles où forme et fond se renforcent mutuellement, comme par exemple dans ce passage où la répétition des derniers éléments d'un vers au début du vers suivant crée un effet d'enchaînement parallèle à celui-là même que suggère la suite des images:

> Des fontaines se font les ruisseaux murmurans,
> Des murmurans ruisseaux les ravageux torrens,

---

[63] Sans cependant l'en bannir tout à fait: dans le *Triomphe de la Foi*, tel prince, expiant ses péchés, "or plus qu'un tremble tremble" (I, 184). Ce genre de calembour est d'autant plus caractéristique du baroque qu'on le retrouve —comme si souvent chez Shakespeare ou D'Aubigné— dans un contexte particulièrement dramatique.

[64] Il ne saurait être question d'entreprendre ici une analyse complète des procédés stylistiques dans la *Création du Monde*. La richesse et la variété de ces procédés ont été suggérées dès la parution de l'édition américaine des oeuvres de Du Bartas, dans un compte rendu publié par Robert J. Clements dans *Modern Philology* (May 1939). Nous n'en retenons, pour les développer, que ceux par lesquels le poème s'apparente à l'esthetique générale dont nous avons tenté de la rapprocher.

> Des torrens ravageux les superbes rivieres,
> Des rivieres se font les ondes marinieres.
>
> (III, 131-134)

De semblables effets sont obtenus ailleurs par la reprise à la césure plutôt qu'à la rime :

> Le germe croist en herbe, et l'herbe en long tuyau,
> Le tuyau en espic, l'espic en blé nouveau.
>
> (III, 707-708)

En guise d'illustration, on pourrait citer encore ces vers qui décrivent les ruses de la "torpille" pour échapper aux pièges de l'hameçon :

> ... ains rusee, embrassant
> La ligne pescheresse, elle va vomissant
> Dans les flots un venin dont la force subtile
> Court au long de ce fil, et du fil avant file
> Tout au long du baston, et du baston avant
> Rampe jusques au poing...
>
> (V, 241-246)

Dans ces quelques exemples, la reprise en écho apparaît comme l'équivalent verbal du mouvement qui anime l'image. Ailleurs, c'est un mouvement oratoire qu'elle a pour but d'évoquer, en conférant au texte imprimé le rythme de l'éloquence spontanée. C'est ainsi qu'elle traduira tour à tour l'indignation :

> Et tout, tout, pour avoir fait mourir par envie
> Ce grand Roy qui venoit pour te donner la vie.
>
> (II, 818-814)

la colère :

> enfin — enfin sa rage
> Convertira sa terre en un desert sauvage.
>
> (II, 97-98)

la surprise :

> Car si Neptun se fust aupres du feu logé,
> Soudain, soudain le feu, se cuidant outragé,
> Pour se prendre à l'arbitre eut laissé sa partie.
>
> (II, 299-301)

l'émerveillement :

> Tandis qu'il est après à conter une bande,
> Une autre, une autre encor, une autre encor plus grande
> Se presente à ses yeux...
>
> (IV, 515-517)

la prière :

> O grand Dieu, donne-moy que j'estale en mes vers
> Les plus rares beautez de ce grand univers;
> Donne-moy qu'en son front ta puissance je lise...
>
> (I, 9-11)

la ferveur :

> O grand Dieu c'est ta main, c'est sans doute ta main
> Qui sert de pilotis au domicile humain.
>
> (III, 391-392)

ou le pathétique :

> Seuls, seuls les nourrissons des neuf doctes pucelles
> ... ...
> Se tracent un chemin pour s'envoler aux cieux.
>
> (I, 531-534)

avant d'atteindre l'apogée de l'effet rhétorique avec la triple répétition du mot "Dieu" à l'intérieur d'un seul et même vers (VII, 131), ou la multiple répétition de "tousjours", repris six fois en trois vers à la fin de la cinquième journée (V, 1016-1018).

Ailleurs encore, à l'effet de reprise en écho s'ajoute celui d'une frappante symétrie, dans une série de vers dont chaque hémistiche, repris dos à dos, renvoie de l'autre une image virtuelle d'une fidélité souvent absolue :

> Or donc, avant tout temps, matiere, forme et lieu,
> Dieu tout en tout estoit, et tout estoit en Dieu.
>
> (I, 25-26)

> Vole de pole en pole, et bourdonnant, se guinde,
> Or de l'Inde en Espagne, or de l'Espagne en l'Inde.
>
> (II, 565-566)

Et bref, la seule main du Dieu darde-tonnerre
Monstre la terre au ciel, et le ciel à la terre.
                                        (II, 1152-1154)

La mer a ses accez, se manie à passades
Des rades à la terre et de la terre aux rades.
                                        (III, 165-166)

Ces chiasmes retiennent d'autant plus l'attention qu'ils viennent
couronner des passages volontiers surchargés de détails descrip-
tifs, alourdis d'incidentes, auxquels ils confèrent ainsi —in extremis— un certain relief. On peut les rapprocher, à cet égard,
d'un certain nombre de vers-formules qu'on ne s'attendrait pas
à trouver dans une oeuvre remarquable avant tout par son refus
de la concision, mais qui résument parfois, avec force et netteté,
les longs développements sinueux et diffus. Toute une doctrine
religieuse s'exprime ainsi dans ce vers du "Premier Jour":

Car l'enfer est par tout, où l'Eternel n'est pas.
                                        (I, 570)

Toute une métaphysique de la métamorphose se résume de même
dans l'aphorisme suivant:

Un corps naistre ne peut qu'un autre corps ne meure
                                        (II, 201)

ainsi que toute une éthique de l'héroïsme dans ces vers déjà
cornéliens par leur facture autant que par leur contenu:

Au milieu des perils la prudence reluit,
Et la vraie vertu les couronnes poursuit
A travers mille morts, sçachant que la victoire
Qui n'apporte danger, n'apporte point de gloire.
                                        (VI, 215-218)

* * *

Chez Du Bartas, cependant, pas plus que chez les autres
poètes baroques, ces recherches formelles ne se ramènent uniquement à des jeux de sonorités. Dans ce qu'elles ont de plus
efficace et de plus significatif, elles laissent découvrir, derrière

ce qui semble être un simple jeu verbal, un jeu d'idées qu'elles s'efforcent de traduire avec le maximum d'expressivité. Il y a longtemps déjà, dans un article qui est à l'origine des études sur le baroque français,[65] A. M. Boase avait montré l'existence en France, à la fin du seizième siècle, d'une poésie métaphysique de la même période : tensions pétrarquistes entre la raison et la passion dans la poésie amoureuse; dénonciation et apologie de la vie chez les poètes de la mort; tentations contraires de la révolte et de la soumission, de l'amour de Dieu et du monde dans la poésie religieuse. Parallèles à ces tensions sur le plan des sentiments et des idées, une suite d'études plus récentes a dégagé un ensemble de procédés rhétoriques —oxymorons, pointes, antithèses, syllepses— qui achèvent de donner à cette poésie son caractère essentiellement paradoxal. Il n'est donc pas étonnant de constater que les artifices verbaux dont l'ensemble constitue ce que nous avons appelé chez Du Bartas une rhétorique de la surprise revêtent le plus souvent eux aussi la forme d'un paradoxe. Et tout d'abord celle de l'oxymoron, comme en témoigne une série de juxtapositions —"discordans accords" (I, 17; VI, 751), "divinement humain" (I, 144), "profanement divine" (I, 619), "vivante mort" (V, 582)— qu'on pourrait rattacher sans doute à un pétrarquisme dont Du Bartas condamne l'immoralité, mais auquel il n'hésite pas à emprunter tels procédés de style. De même les reprises de termes figurent de préférence dans un schéma qui, sans se ramener exactement à l'oxymoron, en reste néanmoins très proche par une même juxtaposition d'éléments qui s'annulent: "constant en inconstance" (III, 185),

> nouez sans noeud, liez sans liaison
> Et sans colle, collez ...
>
> (III, 815-816)

"la prise de sa prise" (V, 224), "leur mere non mere" (V, 708), "volent sans voler" (V, 749), "car vivant il ne vit" (V, 974), "sois guide de leur guide" (VI, 17), "prive de sens mes sens" (VI, 277), "d'un labeur sans labeur" (VII, 48). Quant aux notations simplement paradoxales, elles reviennent dans la *Création du Monde*

---

[65] "Then Malherbe came", *Criterion*, vol. 9, 1930.

avec la fréquence d'une véritable obsession. Avant la genèse

Dieu de soy-mesme estoit et l'hoste et le palais.

(I, 30)

La flamme fascine le poète parce qu'elle "se paist de sa perte, et vit de sa ruine" (II, 126). Les marées sont évoquées par l'image d'une mer qui "en soy-mesme se boit" (III, 35). Convoiter l'or, c'est chercher à se rendre

Maistre de ce metal qui maistrise son maistre.

(V, 688)

"Meurtri" par un "secret pouvoir" de la belette, le serpent se venge,

Tuant de son venin le venin qui le tue.

(VI, 234)

C'est encore ce même penchant pour le paradoxal qui rend compte des fréquents développements sur des thèmes ou des notions dont le propre est de défier la raison en réconciliant l'inconciliable. Dieu, dans ses rapports avec sa création, se prête notamment avec une facilité dont Du Bartas sait tirer profit, à ce genre d'élaboration:

Car comme il est esprit, il voit, bien qu'invisible,
Les menees des grands: il sent, bien qu'insensible,
Leurs plus ardents desirs...

(I, 627-629)

L'univers, dans ses innombrables contradictions, fournit plus d'un prétexte à de semblables jeux d'idées:

Car il n'est rien qu'un Tout, qui clost de son clos tout,
Dont la surface n'a milieu, ni fin, ni bout;
Il n'est qu'un univers, dont la voulte supreme
Ne laisse rien dehors, si ce n'est le Rien mesme.

(I, 305-308)

Mais c'est peut-être la notion du chaos primitif, présence et absence à la fois, contenant déjà sans le contenir encore l'univers

multiforme des choses créées, qui offre la plus ample matière
à des exercices de style où convergent tous les artifices d'une
rhétorique de l'effet:

> Ceste longue largeur, ceste hauteur profonde,
> Cest infini fini, ce grand monde sans monde,
> Ce lourd, dy-je chaos, qui, dans soy mutiné,
> Se vid en un moment dans le Rien d'un rien né,
> Estoit le corps fecond d'où la celeste essence
> Et les quatre elemens devoient prendre naissance.[66]
>
> (II, 41-46)

* * *

Les particularités stylistiques dont il vient d'être question
représentent le fonds commun où viendra puiser toute une génération littéraire avide de tensions et de contrastes, et concevant
volontiers la poésie comme un déploiement continu d'ingéniosité
verbale. Pour terminer, il convient d'attirer l'attention sur deux
procédés associés plus intimement avec Du Bartas, et dans lesquels on s'accorde à voir sa contribution personnelle à l'ensemble
des modes d'expression de l'époque: la formation d'adjectifs
composés et le redoublement des syllabes. En fait, ni l'un ni
l'autre de ces procédés n'est à proprement parler une invention
de l'auteur de la *Création du Monde*. En ce qui concerne le re-

---

[66] L'évocation du chaos avait été amorcée au "Premier Jour" à l'aide
de procédés de même nature:

> Ce premier monde estoit une forme sans forme,
> Une pile confuse, un meslange difforme,
> D'abismes un abisme, un corps mal compassé,
> Un chaos de chaos, un tas mal entassé
> Où tous les elements se logeoient pesle-mesle.
> . . . .
> . . . . . . bref, durant ceste guerre
> La terre estoit au ciel, et le ciel en la terre.
>
> (I, 223-232)

On pourrait rapprocher de ces passages les nombreuses descriptions né-
gatives qui rejoignent elles aussi le paradoxal en ce qu'elles tendent à dénuer
les objets de leur essence même:

> L'air est privé de cours, le feu d'embrasement,
> De pesanteur la terre, et l'eau d'ecoulement.
>
> (II, 935-936)

doublement syllabique, on trouve déjà chez Ronsard au moins
un exemple d'une trouvaille qui a sans doute sa source dans la
poésie des Rhétoriqueurs. Pour ce qui est des adjectifs composés, c'est encore Ronsard qui semble avoir montré la voie,
en employant une quarantaine de fois un procédé dont l'exemple
le plus ancien remonterait à la *Chanson de Roland.*[67] Ces recherches verbales s'inscrivent par ailleurs dans le contexte du
programme de renouvellement et d'enrichissement linguistique
lancé par la *Deffence et Illustration,* et auquel feront écho plus
tard l'*Abbrégé de l'Art Poétique* et les préfaces de la *Franciade.*

Mais dans un cas comme dans l'autre, c'est bel et bien Du
Bartas qui, par l'importance qu'il leur accorde dans son oeuvre,
élève ce qui n'était jusqu'alors qu'une audace passagère et
sans conséquence au rang d'élément-clé de sa rhétorique. Et sans
doute, à l'en croire, le fait-il pour des raisons tout autres que
celles que nous lui attribuons ici. Ainsi le recours à l'adjectif
composé répondrait surtout au souci de la concision, alors que
l'emploi du redoublement de la première syllabe aurait pour
but d'augmenter "la signification", et "representer au plus vif la
chose".[68] Mais comment conclure à un souci de concision devant
l'éloge d'une terre

porte-grains,
Porte-or, porte-santé, porte-habits, porte-humains,
Porte-fruits, porte-tours?

(II, 851-853)

Ce qui frappe au contraire dans cette accumulation d'épithètes
d'une valeur esthétique évidemment plus que douteuse, est un
penchant incontrôlé pour tout ce qui, rompant avec les habitudes
du lecteur, est susceptible d'arrêter l'attention. La même impression se dégage des exercices de redoublement —pé-pétiller, ba-
battre— ainsi que des recherches d'harmonie imitative [69] dont

---

[67] Pour une mise au point détaillée sur ces questions, voir T. U. Holmes,
op. cit., tome I, pp. 172-178.

[68] "Brief Advertissement", tome I, pp. 222-223.

[69] Le passage le plus célèbre à cet égard est celui dans lequel le poète
tente de suggérer le chant de l'alouette qui

avec son tire-lire
Tire l'ire à l'ire, et tire-lirant tire

ils demandent à être rapprochés. Dans le cadre d'un alexandrin curieusement disloqué par les déplacements de la césure et la fréquence des enjambements, l'ensemble de tous ces procédés constitue ainsi une rhétorique éminemment fidèle au dessein baroque de susciter l'étonnement.

* * *

S'en prenant aux excès d'une génération qui avait cherché à ramener la beauté aux "agreables surprises d'un merveilleux extraordinaire", le Père Rapin croyait pouvoir conclure que "ce n'est pas un chemin bien seur, pour aller au coeur, que de surprendre l'esprit".[70] Telle est pourtant la gageure tenue par une oeuvre comme la *Création du Monde*. N'est-ce pas aussi le défi que relève l'ensemble de la poésie baroque, dans sa tentative de mettre les artifices d'une rhétorique de la surprise au service de l'émotion?

Vers la voute du ciel; puis son vol vers ce lieu
Vire, et desire dire: adieu Dieu, adieu Dieu.
                                        (V, 615-618)

[70] René Rapin, *op. cit.*, p. 39.

DU BARTAS ENTRE LA PLEIADE
ET LE BAROQUE

L'effort de rapprocher la *Création du Monde* des autres manifestations du baroque littéraire se heurte à un dernier obstacle. L'analyse de l'oeuvre n'a pu manquer de faire ressortir à diverses reprises les rapports que celle-ci entretient avec les théories aussi bien qu'avec les réalisations des poètes de la Pléiade. La notion de "fureur divine" dans laquelle Du Bartas résume sa conception de l'acte poétique est manifestement empruntée à la *Deffence et illustration*; tout au plus le mysticisme esthétique de la Brigade reçoit-il ici une coloration plus nettement chrétienne. Le ton que Du Bartas impose à son épopée renoue avec l'idéal de poésie grave fondé par la Pléiade et négligé ensuite pendant longtemps par les poètes de la Cour. L'ambition de faire de la *Création du Monde* un inventaire de toutes les choses créées rattache son auteur non seulement à tout le courant intellectuel d'une Renaissance avide de connaissance universelle, mais aussi, plus particulièrement, à l'idéologie de la Pléiade par une conception identique de la fonction du poète. Prolongeant à cet égard la tradition des *Hymnes,* le poème apparaît comme une tentative de fondre en un ensemble grandiose les réussites partielles de la poésie philosophico-scientifique de l'époque. Il n'est pas jusqu'aux hardiesses linguistiques dont s'accompagne un tel projet qui ne puissent s'autoriser des manifestes littéraires aussi bien que des exemples de Ronsard et de Du Bellay. N'est-il pas étrange, dans ces circonstances, de vouloir ramener une oeuvre qui relève d'aussi près des principes littéraires de la Pléiade, à un baroque dont on est porté à croire qu'il représente au contraire une esthétique diamétralement opposée?

Il est indéniable, en effet, que la Pléiade s'est voulue classique. A la juger sur ses intentions, elle se caractérise bien entendu par le culte d'une Antiquité dont elle cherche à retrouver
l'idéal de mesure et de sobriété. L'exigence du naturel forme
sans aucun doute un des leit-motifs des textes théoriques qui définissent un programme manifestement hostile à toute tentation
du bizarre et de l'excessif:

> Si tu veux voler sans consideration par les travers des
> nues et faire des grotesques chimeres et monstres, et non
> une naïve et naturelle poësie, tu seras imitateur d'Ixion,
> qui engendra des Phantasmes au lieu de legitimes et na
> turels enfants.

La mise en garde contenue dans la préface posthume de la *Franciade* [1] exprime une des tendances les plus marquantes de la nouvelle école. "Ni trop haut ni trop bas": dans le domaine des réalisations, des oeuvres telles que la *Continuation des Amours* et les
Regrets offrent de même, par un ton aussi éloigné de la familiarité
que de l'emphase, le modèle d'un équilibre que vient renforcer
encore la netteté de structure et l'élégante concision du sonnet.
Sur le double plan du fond et de la forme, les recherches dont
s'inspire cette poésie aboutissent donc bel et bien à un art dans
lequel on a pu voir à bon droit une première ébauche de l'esthétique classique.

Mais ce pré-classicisme est le fruit d'un renoncement. L'enthousiasme même avec lequel la Pléiade a tenté de faire sienne
la simplicité sereine des grands classiques de l'Antiquité avait
ouvert la voie à tous les excès: longueurs, accumulation de reminiscences érudites, tendance à enchérir sur la noblesse de l'expression. Les auteurs classiques ne sont d'ailleurs pas seuls à être
imités. On a même pu dire que la plupart des poètes de la
Pléiade auront préféré aux Grecs de la grande époque les Alexandrins: [2] le fait d'avoir pris pour modèles les anciens n'assure donc

---

[1] Ronsard, *Oeuvres complètes*, tome VII, p. 78.
[2] Marcel Raymond, "Propositions sur le baroque et la littérature française", *Revue des Sciences Humaines*, juillet-décembre 1949, p. 133.

pas nécessairement leur classicisme. D'autre part, le pétrarquisme auquel ont succombé autour de 1550 tant de membres de la Brigade compromet lui aussi la tentative de classicisation par l'accueil que réservera leur poésie à l'hyperbole, à l'antithèse, aux jeux d'esprit. Toute une esthétique de l'excès s'insinue ainsi dès le départ, et l'emporte même, au début, sur les velléités d'ordre et de naturel.

Chez Ronsard, cette influence joue d'autant plus fortement qu'elle s'accorde avec une propension pour le dynamisme violent et un besoin d'expression intense dans lesquels on a pu voir les preuves d'une tendance latente vers le baroque.[3] Ses recherches dans le domaine des effets de sonorités, sa préférence avouée pour les vocables "signifians", pour un style volontiers "floride" plutôt que dépouillé, traduisent clairement le refus de la simplicité. Ainsi, au lieu de se contenter de nommer la réalité, il s'attache à orner cette dernière en l'entourant d'images et d'analogies:

> Tout ainsi qu'on ne peut dire un corps humain beau, plaisant et accomply, s'il n'est compose de sang, venes, arteres et tendons, et sur tout d'une nayve couleur, ainsi la Poesie ne peut estre plaisante, vive ne parfaitte sans belles inventions, descriptions, comparaisons, qui sont les ners et la vie du livre, qui veut forcer les siecles pour demeurer de toute memoire victorieux du temps.[4]

Fidèle à cette poétique de l'expressivité et de la surcharge, l'oeuvre de Ronsard surabonde, surtout à partir des *Hymnes*, en descriptions suivies, en exercices d'harmonie imitative, en comparaisons multiples et prolongées, relevant d'une imagination alourdie de métaphores, d'une vision moins nette et pure que riche et variée.[5] Marquée par les expériences du maniérisme dans les arts figuratifs, cette poésie ne fait que répondre, par ailleurs, à l'ambition d'"illustrer" le langage que s'efforcent de réaliser les poètes français depuis le manifeste de Du Bellay.

---

[3] *Ibid.*, "Classique et baroque dans l'oeuvre de Ronsard", *Concinnitas* (Bâle, 1944), pp. 153-154.

[4] Ronsard, *Abbrégé de l'art poétique françois* (VII, p. 48).

[5] Marcel Raymond, "La Pléiade et le Maniérisme", *Lumières de la Pléiade* (Paris: J. Vrin, 1966), pp. 412-413.

Il est vrai qu'au moment où il rédige la dernière préface de sa *Franciade* Ronsard semble prendre conscience des abus auxquels peut mener un goût trop prononcé pour l'expressivité et l'ornementation. Il est vrai qu'il s'opposera dès lors à cette poétique qui, poussée à l'excès, aboutira au baroque. Mais ce qu'il dénoncera chez autrui, il ne se résoudra jamais tout à fait à y renoncer lui-même. Et c'est précisément dans ces germes de baroquisme que réside la dette de Du Bartas envers Ronsard et la Pléiade. Reprenant, pour les exagérer, les éléments les moins classiques de leur programme, Du Bartas réussira dès 1578 à créer une oeuvre qui, sur le plan de l'expression aussi bien que du contenu, apparaît déjà comme le prototype des oeuvres baroques qui suivront. Tout au plus pourrait-on regretter l'absence trop fréquente, dans la *Création du Monde*, de cette fougue visionnaire qui élève jusqu'aux sommets de la plus haute poésie les meilleures pages des *Tragiques*. Mais cette absence même n'est-elle pas compensée, dans une large mesure, par cette forme d'énergie qu'est la ferveur?

BIBLIOGRAPHIE

I   *Oeuvres de Du Bartas*:

Les citations empruntées aux textes de Du Bartas au cours de ce travail renvoient à l'édition en trois volumes publiée par Urban Tigner Holmes Jr., John Coriden Lyons et Robert White Linker: *The Works of Guillaume De Salluste Sieur Du Bartas. A Critical Edition with Introduction, Commentary and Variants* (Chapel Hill: The University of North Carolina Press, 1935-1940). Le premier volume, intitulé *Guillaume De Salluste Sieur Du Bartas. A Biographical and Critical Study*, contient une étude sur la vie et l'oeuvre du poète, quelques pièces liminaires, des lettres, des documents relatifs à Du Bartas, ainsi qu'un groupe de préfaces dont la plus importante est le "Brief Advertissement sur sa premiere et seconde *Sepmaine*". Le deuxième volume comprend les poèmes de la *Muse Chrestiene* (la *Judith*, le *Triomphe de la Foi* et l'*Uranie*) ainsi que la *Premiere Sepmaine ou Création du Monde*. Le texte de la *Muse Chrestiene* est celui de la première édition (1574); pour la *Création du Monde*, c'est la dernière version corrigée par l'auteur qui a servi de base. Le troisième volume contient, pour l'essentiel, les fragments achevés de la *Seconde Sepmaine*.

Il existe une édition plus récente de la *Création du Monde*, celle de Kurt Reichenberger: *Die Schöpfungswoche des Du Bartas* (Tübingen: M. Niemeyer, 1963), tome I. Dans la mesure où cette édition du texte de 1581 reprend, sans qu'on en voie clairement l'intérêt, un état intermédiaire entre la version originale et le texte définitif, nous n'avons pas cru devoir en tenir compte.

L'édition originale de la *Création du Monde* a paru chez Jean Fevrier en 1578. On trouvera le commentaire de Simon Goulart dans l'édition publiée en 1588 par Jaques Chouët.

II   *Autres ouvrages consultés:*

Adam, Antoine. "Baroque et préciosité", *la Revue des Sciences Humaines,* nouvelle série, fasc. 55-56, juillet-décembre 1949.

Anonyme. Article sans titre, *Soirées littéraires,* Paris (VIII, 1797).

Arthos, John. *The language of Natural Description in Eighteenth Century Poetry* (Ann Arbor: University of Michigan Press, 1949).

Asthon, Harry. *Du Bartas en Angleterre* (Paris: Emile Larose, 1908).

Bachelard, Gaston. *L'eau et les rêves. Essai sur l'imagination de la matière* (Paris: José Corti, 1942).

Biard, J. D. "La Fontaine et Du Bartas", *Studi Francesi*, Maggio-agosto 1963.

Boase, Alan M. "Poètes anglais et français de l'époque baroque", la *Revue des Sciences Humaines*, nouvelle série, fasc. 55-56, juillet-décembre 1949.

――――. "Then Malherbe came", *Criterion*, vol. 9, 1930.

Boileau-Despreaux, Nicolas. *Art poétique* coll. Les Textes Français (Paris: Société Les Belles Lettres, 1952).

――――. *Oeuvres complètes* (Paris: Garnier Frères, 1873).

Bonnot, Jacques. *Humanisme et Pléiade* (Paris: Classiques Hachette, Les Documents France, 1959).

Borgerhoff, E. B. O. "Mannerism and Baroque: a simple plea", *Comparative Literature*, Fall 1953.

Brunot, Ferdinand. *Histoire de la langue française des origines à 1900*, tome III (Paris: Armand Colin, 1909).

Buffum, Imbrie. *Agrippa d'Aubigné's "Les Tragiques", A study of the baroque style in poetry* (New Haven: Yale University Press, 1951).

――――. *Studies in the Baroque from Montaigne to Rotrou* (New Haven: Yale University Press, 1957).

Busson, Henri. *Le rationalisme dans la littérature française de la Renaissance* (Paris: J. Vrin, 1957).

Castor, Grahame. *Pléiade Poetics. A Study in Sixteenth-Century Thought and Terminology* (Cambridge University Press, 1964).

Cave, Terence C. *Devotional Poetry in France, c. 1570-1613* (Cambridge University Press, 1969).

Chadwick, Charles. "The religion of Du Bartas", *Modern Language Notes*, vol. 69 (1954).

Chamard, Henri. *Histoire de la Pléiade* (Paris: Didier, 1961-1963) 4 vol.

Charpentrat, Pierre. *Le Mirage baroque* (Paris: Les Editions de Minuit, Coll. "Critique"), 1967.

Clements, Robert J. Compte rendu des deux premiers volumes de l'édition Holmes des *Oeuvres complètes* de Du Bartas, *Modern Philology* (May 1939).

Cohen, J. M. *The baroque lyric* (London: Hutchinson University Library, 1963).

Colletet, Guillaume. L'Art poétique du Sr. Colletet (Paris, 1658).

――――. *Vies des Poètes Gascons*, éd. Philippe Tamizey de Larroque (Paris: Auguste Aubry, 1866).

Creore, A. E. "Du Bartas: a reinterpretation", *Modern Language Quarterly*, vol. I, No. 4, decembre 1940.

――――. "Ronsard, Du Bartas and the Homeric comparison", *Comparative Literature*, Spring 1951.

――――. "The scientific and technical vocabulary of Du Bartas", *Bibliothèque d'Humanisme et Renaissance*, 21 (janvier 1959).

――――. "Word-formation in Du Bartas", *Bibliothèque d'Humanisme et Renaissance*, 15 (juin 1953).

Croce, Benedetto. "Intorno a Guglielmo du Bartas", *La Critica*, vol. XXVII, 1929.

Curtius, Ernst Robert. *La littérature européenne et le Moyen Age latin*, trad. Jean Bréjoux (Paris: Presses Universitaires de France, 1956).

Daniells, Roy. *Milton, Mannerism and Baroque* (University of Toronto Press, 1963).

Dagens, Jean. "Du Bartas humaniste et encyclopédiste dévot", *Cahiers de l'Association Internationale d'Etudes Françaises*, no. 10, mai 1957.

D'Aubigné, Agrippa. *Oeuvres complètes*, éd. Réaume et de Caussade (Paris: A. Lemerre, 1873-92), 6 vol.

Deghilage, Pierre. "Cérémonies passées et publications présentes relatives à Du Bartas", *Bulletin de la Société archéologique, historique, littéraire et scientifique du Gers*, 2ème trimestre 1956.

————, "Comment il convient de lire Du Bartas", 3ème trimestre 1955.

————. "Du Bartas critique littéraire", 1er trimestre 1956.

————. "L'évolution religieuse de Du Bartas", 3ème et 4ème trimestre 1957.

————. "La religion de Du Bartas", 4ème trimestre 1955.

Deimier, Pierre de. *Académie de l'art poétique* (Paris: Jean de Bordeaulx, 1610).

Delaruelle, L. "Recherches sur les sources de Du Bartas dans la *Première Semaine*", la *Revue d'Histoire littéraire de la France*, XL (1933).

De Thou, Jacques Auguste. *Histoire Universelle*, traduite sur l'édition latine de Londres (Londres, 1734), 16 vol. (Tome XI, livre XCIX).

Dictionnaire des Lettres françaises. XVIIe siècle (Paris: Fayard, 1954). Article "Baroque (littéraire)".

Du Bellay, Joachim. *Deffence et illustration de la langue françoyse*, éd. Henri Chamard (Paris: Albert Fontemoing, 1904).

Dubruck, Edelgard. *The Theme of Death in French Poetry of the Middle Ages and the Renaissance* (The Hague: Mouton et Co., 1964).

Du Perron, Jean-Davy, Cardinal. *Perroniana, sive excerpta ex ore Cardinalis Perronii* (Genevae: Apud Petrum Columesium, 1667).

Fraïsse, Simone. *L'Influence de Lucrèce en France au seizième siècle* (Paris: Nizet, 1962).

Genette, Gérard. *Figures* (Paris: Editions du Seuil, 1966).

————. *Figures II* (Paris: Editions du Seuil, 1969).

Goethe, J. W. "Geschmack", note à la suite de sa traduction du *Neveu de Rameau: Rameau's Neffe. Ein Dialog von Diderot. Aus dem Manuskript ubersetzt und mit Anmerkungen begleit von Goethe* (Leipzig, 1805).

Goujet, Claude Pierre, abbé. *Bibliothèque françoise* (Paris: Mariette et Guerin, 1741-1756).

Grudé De La Croix du Maine, François. *Les Bibliothèques Françoises* (Paris: Saillant et Nyon, 1772-1773), 6 vol.

Guy, Henry. "La science et la morale de Du Bartas d'après la *Première Semaine*", Annales du Midi, XIV, 1902.

Hatzfeld, Helmut. "The baroque from the viewpoint of the literary historian", *Journal of Aesthetics and Art Criticism*, Dec. 1955.

————. Compte rendu du livre d'Imbrie Buffum: *Studies in the Baroque from Montaigne to Rotrou*, Modern Language Notes, vol. 72, 1957.

————. "Mannerism Is Not Baroque", *L'Esprit Créateur*, vol. VI, No. 4, Winter 1966.

————. "Use and misuse of *Baroque* as a critical term in literary history", *University of Toronto Quarterly*, January 1962.

Huguet, Edmond. *Dictionnaire de la langue française du seizième siècle* (Paris: E. Champion, 1925-).

Lanson, Gustave. *Histoire de la littérature française* (Paris: Hachette, 4eme éd. 1896).

Laudun d'Aigaliers, Pierre de. *L'Art poétique français* (Paris: Anthoine du Brueil, 1597).

Lebègue, Raymond. *"Les larmes de Saint Pierre,* poème baroque", la *Revue des Sciences Humaines,* nouvelle série, fasc. 55-56, juillet-décembre 1949.

―――――. *La poésie française de 1560 à 1630.* Première partie: "De Ronsard à Malherbe" (Paris: S.E.D.E.S., 1951).

Lefebvre de Saint-Marc. Edition des *Oeuvres de M. Boileau Despréaux* (Paris: David, 1747), 5 vol.

Legrand, Jacques. "Le Maniérisme européen", dans *Critique,* janvier 1960, no. 152.

Montaigne, Michel de. *Essais,* éd. Pierre Villey (Paris: Presses Universitaires de France, 1965).

Morier, Henri. *Dictionnaire de poétique et de rhétorique* (Paris: Presses Universitaires de France, 1961).

Mourgues, Odette de. *Metaphysical, Baroque and Précieux Poetry* (Oxford: Clarendon Press, 1953).

―――――. "Poésie baroque, poésie classique", *Trois conférences sur le baroque français,* supplemento al n. 21 di *Studi Francesi,* settembre-decembre 1963. Società Editrice Internazionale, Torino.

Naïs, Hélène. *Les animaux dans la poésie française au XVIe siècle; science, symbolique, poésie* (Paris: Nizet, 1961).

Peletier du Mans, Jacques. *Art poétique,* éd. A. Boulanger (Paris, 1930).

Peyre, Henri. "Common-Sense Remarks on the French Baroque", *Studies in Seventeenth-Century French Literature* (Cornell University Press, 1962).

―――――. *Qu'est-ce que le Classicisme?,* édition revue et augmentée (Paris: Nizet, 1965).

Pintard, René. "La Poésie", *XVIIe Siècle, no.* 20, 1953 (consacré à la transition "Du Baroque au Classicisme").

Plattard, Jean. *La Renaissance des lettres en France de Louis XII à Henri IV* (Paris: Armand Colin, 1925).

Poulet, Georges. *Les Métamorphoses du cercle* (Paris: Plon, 1961). Ch. I: La Renaissance.

Praz, Mario. "Baroque in England", *Modern Philology,* Vol 61, number 3, February 1964.

―――――. *The Flaming Heart* (Garden City, N. Y.: Doubleday and Co., 1958).

―――――. "Maniérisme et antimaniérisme", *Critique,* n. 137, Octobre 1958.

Racine, Jean. *Oeuvres,* éd. des Grands Ecrivains de la France (Paris: Hachette, 1865-1873), 10 vol.

Rapin, René. *Reflexions sur la poétique d'Aristote et sur les ouvrages des Poetes anciens et modernes* (François Muguet, 1674).

Raymond, Marcel. *Baroque et renaissance poétique. Préalable à l'examen du baroque littéraire français* (Paris: J. Corti, 1955).

―――――. "Le baroque littéraire français (état de la question)", *Studi Francesi,* gennaio-aprile 1961, no. 13.

―――――. "Classique et baroque dans l'oeuvre de Ronsard", *Concinnitas* (Bâle, 1944).

―――――. "Aux confins du baroque et du maniérisme", *Etre et dire* (Neuchâtel: Editions de la Baconnière, 1970).

Raymond, Marcel. *Génies de France* (Neuchâtel: Editions de la Baconnière, 1942).

――――. *L'Influence de Ronsard sur la poésie française,* Nouvelle édition (Genève: Droz, 1965).

――――. *La Poésie française et le maniérisme* (Genève: Droz, 1971).

――――. "La Pléiade et le maniérisme", *Lumières de la Pléiade* (Paris: Librairie philosophique J. Vrin, 1966).

――――. "Propositions sur le baroque et la littérature française", *Revue des Sciences Humaines,* nouvelle série, fasc. 55-56, juillet-décembre 1949.

Reichenberger, Kurt. *Du Bartas und sein Schöpfungsepos* (Münchner Romanistische Arbeiten, Heft XVII, München: Max Hueber, 1962).

――――. "Das epische Proömium bei Ronsard, Scève, Du Bartas, *Zeitschrift für Romanische Philologie,* H. 1-2, 1962.

――――. *Themen und Quellen der Sepmaine* (Tübingen, 1963). Il s'agit du tome 2 du livre intitulé *Die Schöpfungswoche des Du Bartas,* mentionné plus haut parmi les "Oeuvres de Du Bartas".

Ronsard, Pierre de. *Oeuvres complètes,* éd. P. Laumonier (Paris: S.T.F.M., 1914-1967), 18 vol.

Rousset, Jean. *Anthologie de la poésie baroque française* (Paris: A. Colin, 1961), 2 vol.

――――. *L'Intérieur et l'extérieur* (Paris: José Corti, 1968).

――――. *La littérature de l'âge baroque en France* (Paris: J. Corti, 1953).

――――. "La métaphore dans la poésie baroque au temps de Malherbe", *XVIIe siècle,* avril 1956.

――――. "Le problème du baroque littéraire français", *Trois conférences sur le baroque français,* supplemento al n. 21 di *Studi Francesi,* settembre-dicembre 1963 (Torino; Società Editrice Internazionale).

Sainte-Beuve, Charles-Augustin. "Du Bartas", *Tableau historique et critique de la poésie et du théâtre français au XVIe siècle* (Paris: éd. 1869). L'article avait paru à l'origine en 1842 dans la *Revue des Deux Mondes* (XXIX, 572).

――――. *Tableau historique et critique de la poésie française et du théâtre français au XVIe siècle* (Paris: Charpentier, 1828).

Sainte-Marthe, Scévole de. *Gallorum doctrina illustrium, qui nostra patriumque memoria floruerunt, elogio* (Augustoriti Pictonum: ex officina J. Blanceti, 1602).

Sayce, Richard Anthony. *The French Biblical Epic in the Seventeenth Century* (Oxford: Clarendon Press, 1955).

――――. "The use of the term baroque in French literary history", *Comparative Literature,* Summer 1958.

Schmidt, Albert-Marie. *Etudes sur le XVIe siècle* (Paris: Albin Michel, 1967).

――――. "La littérature humaniste à l'époque de la Renaissance", *Histoire des littératures,* tome III, Encyclopédie de la Pléiade (Paris: Gallimard, 1958).

――――. *La poésie scientifique en France au XVIe siècle* (Paris: Albin Michel, 1938).

――――. *Poètes du XVIe siècle.* Bibliothèque de la Pléiade (Paris: Gallimard, 1953).

Scudéry, Madeleine de. *La Clélie* (Paris: Augustin Courbé, 1660).

Secret, François. "La kabbale chez Du Bartas et son commentateur Claude Duret", *Studi Francesi,* No. 3 (1959).

Simone, Franco. "Presentazione per avviare nuovi studi sul Barocco francese", *Trois conférences sur le baroque français*, supplemento al no. 21 di *Studi Francesi*, settembre-dicembre 1963 (Torino: Società Editrice Internazionale).

Sorel, Charles. "Remarques sur le 13e livre du *Berger Extravagant*", *La Bibliothèque françoise* (Paris, 1664).

Sponde, Jean de. *Poésies*, éd. Boase et Ruchon (Genève: Pierre Caillier, 1947).

Steadman, J. M. The Bee-Similes of Du Bartas and Virgil: a study in literary imitation, *Romanica Festschrift für G. Rohlfs* (Halle, 1958).

Sypher, Wylie. *Four stages of Renaissance style; transformations in Art and Literature*, 1400-1700 (Garden City, N. Y.: Doubleday and Company, 1955).

Tapié, Victor-Lucien. *Le Baroque* (Paris: Presses Universitaires de France, Coll. "Que sais-je", 1961).

————. *Baroque et classicisme* (Paris: Plon, 1957).

————. "Le Baroque français", dans *Trois conférences sur le baroque français*, supplemento al n. 21 di *Studi Francesi*, settembre-dicembre 1963 (Torino: Società Editrice Internazionale).

————. "Vers une meilleure définition du baroque", la *Revue d'esthétique*, octobre-décembre 1960.

Taylor, George C. *Milton's Use of Du Bartas* (Cambridge, Mass.: Harvard University Press, 1934).

Thibaut de Maisieres, Maury. *Les poèmes inspirés du début de la genèse à l'époque de la Renaissance* (Louvain, 1931).

Toldo, Pietro. "Il poeme della Creazione del Du Bartas e quello di Torquato Tasso", *Due articoli litterari* (Roma, 1894).

Wagner, Max. *Etude sur l'usage syntaxique dans "La Semaine"* (Königsberg, 1876).

Weber, Henri. *La Création poétique au XVIe siècle* (Paris: Nizet, 1956) 2 vol.

Wellek, René. "The concept of baroque in literary scholarship", *The Journal of Aesthetics and Art Criticism*, vol. 5, no. 2, Decembre 1946.

————. Postscript (1962), *Concepts of Criticism* (New Haven and London: Yale University Press, 1963).

————. and Austin Warren. *Theory of Literature* (New York: Harcourt, Brace and World Inc.) 2nd ed., sans date (1956?).

Whitaker, Virgil K. "Du Bartas' use of Lucretius", *Studies in Philology*, XXXIII, 1936.

Wölfflin, Heinrich. *Principles of Art History. The problem of the development of style in later art*, trad. M. D. Hottinger (London: G. Bell and Sons, 1932).

————. *Renaissance and Baroque*, trad. Kathrin Simon (London: Collins, The Fontana Library, 1964).

Yates, Frances A. *The French Academies of the Sixteenth Century* (London: The Warburg Institute, 1947).

NORTH CAROLINA STUDIES IN THE
ROMANCE LANGUAGES AND LITERATURES

I.S.B.N. *Prefix 0-88438*

Recent Titles

JACQUES DE LA TAILLE'S. "LA MANIERE," A CRITICAL EDITION, by Pierre Han. 1970. (No. 93). *-893-X.*

THE MAJOR THEMES OF EXISTENTIALISM IN THE WORK OF JOSÉ ORTEGA Y GASSET, by Janet Winecoff Díaz. 1970. (No. 94). *-894-8.*

CHARLES NODIER: HIS LIFE AND WORKS, by Sarah Fore Bell. 1971. (No. 95). *-895-6.*

RACINE AND SENECA, by Ronald W. Tobin. 1971. (No. 96). *-896-4.*

LOPE DE VEGA "EL PEREGRINO EN SU PATRIA," edición de Myron A. Peyton. 1971. (No. 97). *-897-2.*

CRITICAL REACTIONS AND THE CHRISTIAN ELEMENT IN THE POETRY OF PIERRE DE RONSARD, by Mark S. Whitney. 1971. (No. 98). *-898-0.*

THE REV. JOHN BOWLE. THE GENESIS OF CERVANTEAN CRITICISM, by Ralph Merritt Cox. 1971. (No. 99). *-899-9.*

THE FOUR INTERPOLATED STORIES IN THE "ROMAN COMIQUE": THEIR SOURCES AND UNIFYING FUNCTION, by Frederick Alfred De Armas. 1971. (No. 100). *-900-6.*

LE CHASTOIEMENT D'UN PERE A SON FILS, A CRITICAL EDITION, edited by Edward D. Montgomery, Jr. 1971. (No. 101). *-901-4.*

LE ROMMANT DE "GUY DE WARWIK" ET DE "HEROLT D'ARDENNE," edited by D. J. Conlon. 1971. (No. 102). *-902-2.*

THE OLD PORTUGUESE "VIDA DE SAM BERNARDO," EDITED FROM ALCOBAÇA MANUSCRIPT ccxci/200, WITH INTRODUCTION, LINGUISTIC STUDY, NOTES, TABLE OF PROPER NAMES, AND GLOSSARY, by Lawrence A. Sharpe. 1971. (No. 103). *-903-0.*

A CRITICAL AND ANNOTATED EDITION OF LOPE DE VEGA'S "LAS ALMENAS DE TORO," by Thomas E. Case. 1971. (No. 104). *-904-9.*

LOPE DE VEGA'S "LO QUE PASA EN UNA TARDE," A CRITICAL, ANNOTATED EDITION OF THE AUTOGRAPH MANUSCRIPT, by Richard Angelo Picerno. 1971. (No. 105). *-905-7.*

OBJECTIVE METHODS FOR TESTING AUTHENTICITY AND THE STUDY OF TEN DOUBTFUL "COMEDIAS" ATTRIBUTED TO LOPE DE VEGA, by Fred M. Clark. 1971. (No. 106). *-906-5.*

THE ITALIAN VERB. A MORPHOLOGICAL STUDY, by Frede Jensen. 1971. (No. 107). *-907-3.*

A CRITICAL EDITION OF THE OLD PROVENÇAL EPIC "DAUREL ET BETON," WITH NOTES AND PROLEGOMENA, by Arthur S. Kimmel. 1971. (No. 108). *-908-1.*

FRANCISCO RODRIGUES LOBO: DIALOGUE AND COURTLY LORE IN RENAISSANCE PORTUGAL, by Richard A. Preto-Rodas. 1971. (No. 109). *-909-X.*

RAIMOND VIDAL: POETRY AND PROSE, edited by W. H. W. Field. 1971. (No. 110). *-910-3.*

RELIGIOUS ELEMENTS IN THE SECULAR LYRICS OF THE TROUBADOURS, by Raymond Gay-Crosier. 1971. (No. 111). *-911-1.*

THE SIGNIFICANCE OF DIDEROT'S "ESSAI SUR LE MERITE ET LA VERTU," by Gordon B. Walters. 1971. (No. 112). *-912-X.*

PROPER NAMES IN THE LYRICS OF THE TROUBADOURS, by Frank M. Chambers. 1971. (No. 113). *-913-8.*

STUDIES IN HONOR OF MARIO A. PEI, edited by John Fisher and Paul A. Gaeng. 1971. (No. 114). *-914-6.*

DON MANUEL CAÑETE, CRONISTA LITERARIO DEL ROMANTICISMO Y DEL POSROMANTICISMO EN ESPAÑA, por Donald Allen Randolph. 1972. (No. 115). *-915-4.*

Recent Titles

THE TEACHINGS OF SAINT LOUIS. A CRITICAL TEXT, by David O'Connell. 1972. (No. 116). *-916-2.*

HIGHER, HIDDEN ORDER: DESIGN AND MEANING IN THE ODES OF MALHERBE, by David Lee Rubin. 1972. (No. 117). *-917-0.*

JEAN DE LE MOTE "LE PARFAIT DU PAON," édition critique par Richard J. Carey. 1972. (No. 118). *-918-9.*

CAMUS' HELLENIC SOURCES, by Paul Archambault. 1972. (No. 119). *-919-7.*

FROM VULGAR LATIN TO OLD PROVENÇAL, by Frede Jensen. 1972. (No. 120). *-920-0.*

GOLDEN AGE DRAMA IN SPAIN: GENERAL CONSIDERATION AND UNUSUAL FEATURES, by Sturgis E. Leavitt. 1972. (No. 121). *-921-9.*

THE LEGEND OF THE "SIETE INFANTES DE LARA" (*Refundición toledana de la crónica de 1344* versión), study and edition by Thomas A. Lathrop. 1972. (No. 122). *-922-7.*

STRUCTURE AND IDEOLOGY IN BOIARDO'S "ORLANDO INNAMORATO," by Andrea di Tommaso. 1972. (No. 123). *-923-5.*

STUDIES IN HONOR OF ALFRED G. ENGSTROM, edited by Robert T. Cargo and Emanuel J. Mickel, Jr. 1972. (No. 124). *-924-3.*

A CRITICAL EDITION WITH INTRODUCTION AND NOTES OF GIL VICENTE'S "FLORESTA DE ENGANOS," by Constantine Christopher Stathatos. 1972. (No. 125). *-925-1.*

LI ROMANS DE WITASSE LE MOINE. *Roman du treizième siècle.* Édité d'après le manuscrit, fonds français 1553, de la Bibliothèque Nationale, Paris, par Denis Joseph Conlon. 1972. (No. 126). *-926-X.*

EL CRONISTA PEDRO DE ESCAVIAS. *Una vida del Siglo XV,* por Juan Bautista Avalle-Arce. 1972. (No. 127). *-927-8.*

AN EDITION OF THE FIRST ITALIAN TRANSLATION OF THE "CELESTINA," by Kathleen V. Kish. 1973. (No. 128). *-928-6.*

MOLIÈRE MOCKED. THREE CONTEMPORARY HOSTILE COMEDIES: *Zélinde, Le portrait du peintre, Élomire Hypocondre,* by Frederick Wright Vogler. 1973. (No. 129). *-929-4.*

C.-A. SAINTE-BEUVE. *Chateaubriand et son groupe littéraire sous l'empire.* Index alphabétique et analytique établi par Lorin A. Uffenbeck. 1973. (No. 130). *-930-8.*

THE ORIGINS OF THE BAROQUE CONCEPT OF "PEREGRINATIO," by Juergen Hahn. 1973. (No. 131). *-931-6.*

THE "AUTO SACRAMENTAL" AND THE PARABLE IN SPANISH GOLDEN AGE LITERATURE, by Donald Thaddeus Dietz. 1973. (No. 132). *-932-4.*

FRANCISCO DE OSUNA AND THE SPIRIT OF THE LETTER, by Laura Calvert. 1973. (No. 133). *-933-2.*

ITINERARIO DI AMORE: DIALETTICA DI AMORE E MORTE NELLA Vita Nuova, by Margherita De Bonfils Templer. 1973. (No. 134). *-934-0.*

Symposia

LOS NARRADORES HISPANOAMERICANOS DE HOY, edited by Juan Bautista Avalle-Arce. 1973. (No. 1). *-951-0.*

When ordering please cite the *ISBN Prefix* plus the last four digits for each title.

Send orders to:

International Scholarly Book Service, Inc.
P.O. Box 4347
Portland, Oregon 97208
U.S.A.